新媒体时代
高校思想政治教育研究

欧晓彦◇著

辽宁人民出版社

图书在版编目（ＣＩＰ）数据

新媒体时代高校思想政治教育研究 / 欧晓彦著 . —沈阳：
辽宁人民出版社，2023.12

ISBN 978-7-205-11002-4

Ⅰ . ①新… Ⅱ . ①欧… Ⅲ . ①高等学校 – 思想政治教育 –
研究 – 中国 Ⅳ . ① G641

中国国家版本馆 CIP 数据核字（2023）第 247888 号

出版发行：辽宁人民出版社
　　　　地址：沈阳市和平区十一纬路 25 号　邮编：110003
　　　　http://www.lnpph.com.cn
印　　　刷：辽宁新华印务有限公司
幅面尺寸：170mm×240mm
印　　张：13
字　　数：177千字
出版时间：2023年12月第1版
印刷时间：2023年12月第1次印刷
责任编辑：娄　瓴
封面设计：白　咏
版式设计：张爱双
责任校对：吴艳杰
书　　号：ISBN 978-7-205-11002-4

定　　价：58.00元

前　言

　　新媒体时代高校思想政治教育所面临的现实背景是双重的：一方面，新媒体使得思想政治教育的社会环境、文化环境变得更加复杂，工作对象、模式、队伍受到冲击，给大学生的生活、学习、心理和价值观都带来了重大影响和严峻挑战；另一方面，新媒体技术在信息收集、信息内容与形式、信息传播渠道等方面的重大变革，给新媒体时代高校思想政治教育带来了一种新形式，对大学生的思想政治素质、价值取向和道德观念的形成有着积极的影响，给高校思想政治教育带来了难得的机遇。充分利用新媒体所带来的积极影响，深入分析产生消极影响的成因，将为加强新媒体时代高校思想政治教育的路径选择提供依据。

　　本书从教育学、社会学、心理学、伦理学和新闻学等多学科交叉的角度，分析新媒体时代高校思想政治教育的要求、存在的问题及其成因、面临的新机遇和新挑战，研究探讨了在新媒体时代开展高校思想政治教育的理论、方法、队伍建设、有效路径和支撑保障等内容。随着新媒体技术的不断发展，我们要做到与时俱进，通过研究新媒体的特征，创新高校思想政治教育，开创思想政治教育新局面，实现思想政治教育在新时代的价值。

　　纵观本书，最大的特点是把新媒体与高校大学生的思想政治教育创新性地融合起来，探讨了新媒体时代大学生思想政治教育新模式的构建理论与具体应用，具有重要的理论价值和现实意义。与已有的同类研究成果相比，本书主要具有以下三大特色：一是全面性。本书分析了多种高校思想政治教育模式，层层推进，条理清晰，内容全面。二是针对性。本书讲述的新媒体时代的思想政治教育是针对高校大学生的。三是时代性。每个时代有每个时代的特色，新媒体时代实现了全媒体格局的形成，新时代媒体促进了跨界融合成为常态，充分体现了新媒体的时代特征。

　　本书系 2021 年度江西省教育科学"十四五"规划课题"融媒体背景下高校思政课供给侧改革研究"（课题编号 21YB280）的研究成果。由于作者的学识及能力所限，书中可能存在不足和错误之处，诚恳希望各位专家、同行和读者批评指正。

目　录

第一章　新媒体与高校思想政治教育

第一节　新媒体与高校思想政治教育概述

20世纪80年代，互联网被列为全球第四种媒体。随着科学技术及通信技术的飞速发展，以手机为平台的网络逐渐成为第五种媒体形式，被人们广泛运用，并在很大程度上改变了人们的生活与交流方式。信息技术的日益发展使各种媒体形式开始逐渐融合，这也为人们生活中不同信息的获取提供了极大的便利，因此这种媒体可称为是一种新媒体形式且对社会的发展有着一定的影响。也正由于新媒体的出现，受其自身特征等多方面因素的影响，我国当代高校学生的思想观念、行为意识、价值取向等也受到了一定程度的冲击，但也因为其在高校学生群体中的受欢迎程度，使得其在高校学生的思想政治教育中起到了巨大的作用，并能对高校学生产生潜移默化的影响。对此，我国高校的思想政治教育也必须针对其特征对新媒体在教育中的融入进行探索，进而在新媒体背景下对思想政治教育的制度体系进行完善。

所谓新媒体，由于其是相对传统媒体衍生而出的一个概念，因此其往往处于一个不断变化的状态，国内外的相关研究也并没有给予其一个相对固定的概念，但也有多位学者对其概念表达了自己的理解。而在当今社会，新媒体逐渐在人们的日常生活中被广泛应用，随着20世纪70年代，美国的学者戈尔德马克首次针对新媒体提出了相关概念，更多的学者逐渐融入这一概念的研究中[①]。在国内外所属学者的研究中，他们普遍都认同新

———————

①宋亦芳编著.社区数字化学习支持服务体系研究[M].上海：上海科学技术出版社，2016：108.

媒体指的是在先进的科学技术支撑下以传统的如报纸、电视等形式的传统媒体为基础而出现的一种以多元化形式呈现的媒体形式，因此，新媒体也被称之为是世界上的第五种媒体①。就新媒体的特征来看，其往往要比传统的媒体形式更具优势。比如，其所包含的信息范围往往有着更为广泛的覆盖面。又比如，其信息的传播速度要更加快捷等。联合国教育、科学及文化组织针对新媒体的特性将其定义为，是一种以数字技术为支撑的，能够对网络进行充分的利用来对信息进行传播的媒介形式②。

一、思想政治教育新媒体的内涵与类型

掌握新媒体在思想政治教育中的特点及优势，能有效帮助高校的思想政治教师在教学过程中对新媒体进行充分的利用，以发挥新媒体的优势来提高高校思想政治教育的质量。就新媒体来看，其特征往往表现在以下七个方面。

（一）时效性

相较于以传统媒体作为教学载体的思想政治教育来看，以新媒体为媒介的高校思想政治教育能够对新媒体中的数据技术、网络信息技术等进行充分的利用，进而实现信息在短时间内的查找与传输等，使高校的思想政治教师能及时地获取全新的教育信息。而这往往是传统媒体所无法达到的，究其原因主要是，传统媒体会受到多种因素的限制而导致高校的思想政治教师无法及时有效地对相关的教育信息进行获取，这往往也会使教育的质量受到一定的影响。而新媒体的应用则能有效打破时空的限制，在短时间内实现信息的传输与共享等，这就对提高高校思想政治教育的效率和

①匡文波."新媒体"概念辨析[J].国际新闻界，2008(6)：66-69.
②[英]戴维·冈特利特.网络研究：数字化时代媒介研究的重新定向[M].北京：新华出版社2004：40.

质量起到了重要的作用。

（二）多功能性

在高校的思想政治教育中，通过新媒体的应用能有效利用其多样化的形式来促进教学的开展。就新媒体的具体形式来看，其综合了多种媒介所具备的优势，并在传统媒体的基础上对其进行了突破，不仅具有传统媒体所具备的所有特性，而且有着其所独有的功能性。因此，在实际的思想政治教学中，教师既可以对新媒体尽心运用来给予学生一定的视觉感受，又可以在视觉感受的基础上融入声音等其他的形式来给予学生听觉感受，并在这一双重感受下让学生的心灵受到触动。除此之外，通过新媒体的运用还能有效促进师生之间的互动交流，这也能有效使思想政治教育的内容更加深入人心。

（三）便捷性

新媒体在高校思想政治教育中的应用也能使教学变得更加的便捷，这主要是因为，通过新媒体的应用能使教师和学生在网络信息技术的支撑下，以更加方便的方式进行资料信息的查找，这也就省去了在图书馆翻阅不同资料的时间。以相关的辅助类学习书籍为例，在新媒体的支撑下，教师和学生无须再跑遍各大书店购买书籍，而是能够在新媒体平台下的电子书城直接通过关键词进行搜索、查找与阅览，这不仅节省了购买书籍的时间与金钱，同时也解决了纸质书籍不便保存的问题。

（四）个性化

通过新媒体的使用能有效帮助教师和学生完成个性化需求的定制。新媒体中不同类型网站的构建往往需求响应类型信息的融入以及网络用户的参与应用。然而，在传统媒体的使用中，其信息内容的获取等往往会受到时间等因素的限制，而新媒体的使用则能有效打破这些因素的限制，使信息的传递和获取等变得更灵活，让用户能根据自身的实际情况个性化地进行时间的制定，并获取自己所需的服务。因此，在新媒体的支撑下，电视作为一种传统的媒体开始转型，通过智能电视的设计成为一种新媒体，这主要是因为智能电视能以用户的需求为基础而为其定制个性化的服务。

（五）群体化

当人们在对传统媒体进行运用时，其往往仅能作为一个独立的单位而不能针对其所获得的信息知识等与他人进行探讨。而新媒体的使用则能有效拉近用户之间的距离，这也使新媒体突出了其群体化的个性特征。通过对新媒体的各类设备进行应用能帮助用户构建如社区等群体互动的关系网络，以让不同类型的用户参与到群体的会话中。比如，网络中所流行的贴吧与论坛等便是一个能用于根据自己所感兴趣的话题进行互动交流及信息共享的平台。而高校的思想政治教育也可对新媒体所具备的这一特征进行充分的运用，以实现不同区域内不同教师和学生之间的互动交流。

（六）共享性

相较于传统媒体而言，共享性是新媒体所具有的一个较为特殊的特性，以图书馆中相关的思想政治教学资料为例，通常情况下，这些教学资料往往数量有限，很难满足多读者同时阅读的需求。而新媒体的运用则将原本的纸质教学资料变为了电子版的教学资料，这就使得高校的所有师生均能同时对同一资料进行阅读，为教师及学生资料信息的获取提供了极大的便利，也为高校学生自我学习能力的提高提供了有利的条件。只要有信息网络的支撑，高校的学生与教师就可以在不受空间和时间的限制下对相关的资料进行共享，且在资料阅读时也不会因他人而受到干扰。共享性这一特性可以说是新媒体在思想政治教育中所独有的特征，由于其在实际使用中不会受物体数量等因素的限制，因此也为高校思想政治教育实施的有效性提供了有利的条件[①]。

（七）交互性

在以往高校的思想政治教育中，传统媒体的使用仅能单向对知识进行传输，且这些知识往往都是由教师进行筛选，因此，在教学过程中教师很少受到来自学生反馈的信息，导致师生之间无法进行良好的互动交流。而在思想政治教育中对新媒体进行充分的运用则能有效地解决这一问题，这主要是因为新媒体本身具有的交互性的特征为教师和学生之间的交流互动提供了有利的条件，并打破了时间与空间的限制，使教师和学生之间能够随时随地建立互动交流的关系。就现阶段来看，我国已有大多数高校将新媒体融入教学中，并利用一些新的交流软件与学生构建了互动与交流，且由于这一方式更容易被高校学生所接受。因此，对拉近高校思想政治教师与学生之间的距离也有着极大的帮助。这也就要求高校的思想政治教师能对新媒体在教育中的应用给予足够的重视，并对传统的教育观念进行转变，重视与学生之间平等交流关系的构建，进而有效促进思想政治教育的转变。

二、新媒体视域中的思想政治教育过程要素

所谓传播，从传播学的角度分析指的是通过相关的媒介进行信息符号的传递，并通过此传递产生一定的变化。相较于传播而言，大众传播的媒介往往更显专业化，且往往能够更加及时准确地对信息进行传递。在通

---

① 左娟霞.新媒体环境下高职思想政治教育"线上+线下"教学体系构建及应用[J].传播与版权，2022，No.115(12)：115-117.

常情况下，大众传播除了信息的传播之外也能在教育中得到充分运用，因此其功能也往往具有多样性的特征。美国著名的学者哈罗德·拉斯韦尔针对传播学提出了"5W"的公式并以最简洁的方式突出展现了大众传播所具备的特征[①]。尽管这一公式在大众传播的特征反映出具有较大的优势，但其自身仍存在一定的不足之处，比如其在对传播者的认识方面存在一定的主观偏见，认为其会对接受者的思想造成影响。而之所以在这一公式中会存在一定的不足之处，主要是因为受社会背景的影响，哈罗德·拉斯韦尔往往更加重视政治内容的宣传。因此，当大众传播这一内容之间相结合时，大众传播其原本的性质将会出现一定的转变。而如果在思想政治教育中对这一公式进行充分的利用，则往往能对其自身在教育中的适应性加以凸显，并充分了解到信息传播过程中各环节要素所具备的重要意义。从高校的思想政治教育出发来看，在新媒体背景下其教育的方式往往能得到很大程度的创新。哈罗德·拉斯韦尔所提出的"5W"公式以及高校思想政治教育中各要素的对应往往表现为如下内容（表1-1）。

表1-1　思想政治教育与拉斯韦尔公式要素对照表[②]

传播要素	5W	思想政治要素
谁	who	教育者
传播什么	say what	理论成果
传播渠道	through what	载体新媒介
传播对象	to whom	受教育者
传播效果	with what effect	教学时效

从表1-1中可以发现，哈罗德·拉斯韦尔所提出的"5W"公式为我国高校的思想政治教育研究提供了全新的理论依据。研究中指出，高校思想

①左晶主编.西方广告经典原著选读　英文[M].北京：知识产权出版社，2013：165.
②张晔.新媒体的崛起与高校思想政治课程改革[M].北京：电子科技大学出版社，2017：8.

政治教育要想达到预计的质量和效果，往往要从教育中各要素之间的关系出发强化其研究①。在大众传播中，传播者会通过相关的媒介将不同的信息内容传递给接受者，而接受者接受信息并产生相应感受的过程就是主要传播过程。而在高校的思想政治教育中，传播者转变为了教育者而接受者转变为了受教育者，且二者在教育过程中更多地表现为一个双向互动的过程②。与大众传播相同的是，教育的过程往往也需要相应的媒介作为支撑，而新媒体在高校的思想政治教育中就是一个非常重要的媒介，且对教育的最终成果有着一定的影响。

（一）传播者：思想政治教育的教育者

在大众传播中，传播者作为其中的主体担负着对信息进行传递的重任，在通常情况下能完成信息传递的组织或者是个人都可被称为传播者。从微观的角度来分析可知，大众传播中的传播者指的就是相关的对信息进行传播的新闻工作者，其往往能及时对相关的信息进行编辑并对其进行传播③。但这也就使信息的传播会带有一定的主观性特征，这主要是因为传播者在信息的选择和编辑中会不自觉地融入自己的主观思想，而这直接对信息造成了一定的影响。在高校的思想政治教育中，教育者承担着对相关的思想政治知识信息进行传递的重任，其主要目的是让受教育者将相关的思想政治知识信息进行内化，并表现为自己日常的行为等。这里的教育者指的是高校在思想政治教育方面从事相关理论课教学的教师以及在日常学习生活中对学生的道德素质进行引导的辅导员等。在通常情况下，高校的思想政治教师在教育中占核心地位，其不仅决定思想政治教育的方法与内

---

①[美]杰弗里·庞顿（Geoffrey Ponton），[美]彼得·吉尔著.政治学导论[M].张定淮等译.北京：社会科学文献出版社，2003：36.
②郑晨予.新塑传导论：基于智能生成的传播学研究新范式[M].上海：复旦大学出版社，2018：303.
③李欣人.再论精神交往：马克思主义传播观与传播学的重构[J].现代传播，2016(8)：19-23.

容，且对教学的效果有着直接的影响。

（二）传播内容：思想政治教育的研究成果

在大众传播中，传播内容实际上指的就是传播的信息，因此其往往存在一定的客观性。从哲学的角度进行分析，内容往往指的是那些接受者事先所无法预知的事，然而，在新媒体中为了使传播内容更好地呈现，传播者也往往会对信息的内容进行一定的包装，在通常情况下，目的是进行传递的或者是在进入媒介之前的信息都可被看作是传播的内容。在高校的思想政治教育中，除了教学资料的相关内容之外，高校的思想政治教育者也往往会结合自身的经验来制定教学的内容进行传播，同时还应以实际的教学目的以及学生的实际情况来作为内容制定的依据。而无论是从思想政治教学的目标，还是从学生的实际情况来看，其往往都具备着一定的多样性特征，这也决定了思想政治教育的实际内容会存在一定多样性的特征。要在思想政治教育的基础上对高校学生的道德素质进行强化，高校的思想政治教师在教学内容的制定中往往要涉及道德、法治及相关的思想观念方面的内容。而新媒体在高校思想政治教育中的应用不仅有效丰富了教学的内容，也使内容变得更加立体化，对教学质量的提高具有很大的帮助。

（三）传播载体：思想政治教育所依靠的新媒体平台

在高校思想政治教育过程中，思想政治教育工作者往往会运用不同的传播形式、载体等，将思政理论知识传播给人们，而传播载体具有一定的媒介作用，所以只有依靠传播载体，运用最适合的教育方法，才得以实现传播目标。在此行为之中，新媒体的使用形式往往取决于思政传播人员对其载体的界定、选择，即选用何种媒介进行传播应当以传播人员的实际需求为重要依据。此外，传播人员所使用的传播载体与其定位、特性、传播方向和形式等诸多方面有着密切的关系，而不同的载体性质也拥有截然不同的传播实效，但需要注意的是受众者对载体的定位、运用以及认识。思政教育的主客体双方是高校思想政治教育过程的关键因素，如若缺少任何一方，那么思政教育过程都无法具有完整性。正是新媒体的出现使得教育主客体双方在交流过程中增强互动，而且新媒体也很容易被思政教育的主体方所控制。因此，新媒体平台必须具备高校思想政治教育载体的两项前提条件，方可成为真正意义上的载体继而被有效利用。

（四）被传播者：思想政治教育的受众者

一切信息传播都必须在传播者与受众者之间进行，受众者作为众多媒介产品的直接消费群体，其不仅是具体传播内容的最终归宿、实际传播活动的主阵地，而且也是推动传播发展的积极倡导者，如果没有受众者的主动参与，那么传播活动就无法开展。高校思想政治教育的主要对象为思政教育者所教授、影响及传播的人群，即受教育者。思政教育的根本目的在于使一些思想理论渗透到受教育者的内心，进而潜移默化地影响他们、改变他们，但在这一过程中教育对象应具有显著的主体参与性、层次性、普遍性和可塑性等，不同教育群体对于思政理论有着不尽相同的需求或理解，因此高校思想政治教育必须追根溯源，全面了解实际情况，掌握事物之本质，让思政理论更契合受众者的实际生活，把抽象复杂的理论思想蜕变成社会生活中的可视化东西，及时关注思政教育者在信息接受方面的态度或需求，并且从受众者的实际需求角度出发，针对不同教育人群采用适宜的思政传播载体，把握好受教育者的情绪心态，从而使思政教育更好地融入他们的生活与学习中。

（五）传播效果：思想政治教育的实效

传播效果是任何传播活动的起点与终点，同时也是一切传播环节的核心。所谓传播效果，就是指受众者在接收各种传播信息以后，通常会在举止言行、思想情感以及立场观点等诸多方面发生变化。就传播者角度而言，传播效果是传播者利用媒介发送出去的信息并由此对受众者产生的影响与作用。高校思想政治教育实效应以毛泽东思想、邓小平理论、"三个代表"重要思想、科学发展观，尤其应以习近平新时代中国特色社会主义思想作为根本指导思想和坚实的理论基础来进一步引导人民群众，培育出一批又一批"四有"新人。此外，在高校思想政治教育过程中，必须明确教育行为双方的关系，遵循"以学生为本，契合实际"的教学理念，坚持以理论事实为依据，让学生对思政理论的认识更为直接、具象，拓宽自主选择空间和判断范围，进而强化思政教育效果。同时，还需要充分利用新媒体技术，学习并借鉴其他传播方式，努力使思政教育达到最佳效果，为实现高校学生全面发展与进步提供前提条件。

三、新媒体与高校思想政治教育融合的必要性

（一）新媒体对高校思想政治教育的影响

随着科学技术的不断发展，以及新媒体平台的平稳运行，人们对于新媒体的依赖性逐渐变强，新媒体的出现不但影响着人们的日常生活，悄无声息地改变人们的生活习惯、学习方式和工作方法，而且作为一种新兴的传播载体，对我国高校思想政治教育也产生巨大的影响。新媒体的优势在于不仅能够将其视为思政教育体系中的重要因素——载体，并且加以完善与运用，还能够把它看作社会发展背景下的关键要素，并且加以衡量与考虑。

1.新媒体成为高校学生获取信息和社交的重要手段

以智能手机和互联网为代表的新媒体具有个性化、生活化、自主性、交互性等特点，这一特点满足了高校大学生彰显个性、发挥个人价值的心理需求，为他们自由接受信息、发表意见和展现自我提供了良好平台，

成为他们日常交往、生活和学习的必备工具。据有关数据表明，大学生近99%的人每天使用网络，90%多的人使用智能手机上网且绝大多数每天上网超过2小时，他们获取信息的渠道90%以上来源于大型网站、微博、微信或SNS网络。足见新媒体已彻底融入大学生的生活，成为他们获取信息、建立人际交往、表达个人意志和实现资源共享的主要手段。

2.新媒体促进高校学生主观能动性的发挥

与自上而下垄断话语权的传统媒体不同，新媒体打破了受众与传播者间的界限。大学生只需利用新媒体终端，就可随时随地接收各种信息，自主地对社会热点、知识理论和社会观点发表自己的见解和观点或把信息转发给他人。新媒体全方位开放的环境开阔了大学生的视野，形成了他们崇尚自我又张扬个性的特点，他们见多识广、思维活跃，表现欲、求知欲、探索欲都比以往大学生强，对社会热点问题参与度高，主观能动性强。面对新媒体对大学生的强势影响，高校思想政治教育工作者应该疏而不能堵，应因势利导，把新媒体纳入高校思想政治教育中，充分发挥新媒体在思政教育中的长处，引导大学生个性的形成和发展。

3.新媒体影响高校学生价值观的形成

新媒体是把双刃剑，新媒体传播方式碎片化、去中心化，内容娱乐化和良莠不齐等特点增加了消极因素的影响和西方意识形态的渗透，这极易使"三观"仍未形成、鉴别能力有限的大学生产生迷惑，在思想上容易产生价值观多元化、价值观认知偏差、价值观选择困难、政治信仰迷失或淡化等错误观念。"宣传思想阵地，我们不去占领，人家就会去占领。"面对新媒体对大学生带来的负面影响，高校思想政治教育工作者应主动积极应对，建立思想政治教育新媒体平台，积极抢占思想政治教育新阵地，化负面、消极影响为正面、积极因素，提升高校思想政治教育水平。

（二）高校思想政治教育对新媒体的阐释

第一，可以推动社会主义文明建设，促进高校学生实现共同理想。新媒体能够利用主流思想规范来引导当下大学生，所以具有帮助大学生塑造共同理想与目标，激励他们意志与愿望的现实作用。作为一项全新的任务，新媒体将党和政府的政策方针、社会主义思想以及富有时代精神的人文逸事传递给广大人民群众，而在思想道德形成的过程中，大学生逐渐成为新媒体任务执行的直接受众。新媒体在思政教育方面的持久而广泛的推广和宣传，对建设社会主义文明、增强受教育群体的思想价值观念、引导大学生实现社会主义理想等具有极其重要的意义和作用。需要关注的是，新媒体通过不同的形式手段，以一种寓教于乐的教育模式将具体内容更为直接地、深入地传递给高校学生，不仅能够提高思政教育效果，而且能够使思政理念深入人心。

第二，可以充分满足高校学生的实际社会性需求，引导他们与时俱进。在当前的社会生活中，新媒体与人们的社会性需求有着密切的相互作用。通常而言，人在幼年时期具有较强的视听、阅读等能力之后，就会逐渐与媒体保持着一种微妙的关系，在成年后更与媒体息息相关。高校学生处于承上启下的过渡时期，同时也是人生发展过程中的特殊阶段。尽管传统的教学模式依然是高校学生实现社会化的根本渠道，但是调查结果显示：大部分高校学生触碰新媒体所花费的时间和精力要比在校学习多，所以说新媒体能够最大限度地满足学生的社会性需求。归纳起来就是，新媒体在社会性需求方面的作用集中体现为：帮助学生获取有关消息，不断强化知识与技能；引导他们形成科学的价值观以及规范体系；让他们更好地进行学习与角色扮演；等等。总而言之，新媒体可以满足高校学生的社会性需求，特别是继续学习的需求；促进当下青年学生全面可持续发展；推动高校思想政治教育工作的进行，从而更好地培养大学生的思想道德意识。

　　第三，可以调剂高校学生的校园生活，提高精神质量。高校思想政治教育最显著的作用在于满足大学生的精神发展需求，不断提高其精神品质。正是由于新媒体对学生在生活方面的调剂，才使得学生快速发挥这一重要作用。比如，高校学生可利用新媒体开阔自身的眼界，熟悉外部环境中的有趣事物；通过阅读诗歌、散文以及小说等不同体裁的文学作品，观看体育比赛、音乐表演、演唱会、戏剧等，进而乐在其中，得到慰藉；可从新媒体的具体内容中寻求刺激感，使单调而乏味的生活激起千层波浪，同时也让平静的内心变得亢奋。这样一来，不仅丰富了高校学生的校园生活，而且也有效增强他们的生活品质，从而使他们更好地尽享生活。

　　第四，可以营造和谐宽松的思政教育氛围，增强其教育实效。高校思想政治教育只有在规定的环境下才能够有效开展，其教育实效与传播媒介、教育氛围及模式等有着密切的联系。所以，思政教育所传递出的一些道德必须适应高校环境，并为之所接受，才可以真正意义上转化成一种自我意识，最终成为最科学的理论导向。倘若被排斥或否定，这些理论规范将变得毫无意义，难以被高校学生所接受，思政教育工作也将陷入困境。由此可见，促进思政教育在精神生活、物质生活等方面的发展，优化高校教育教学氛围，已成为新形势下思政教育工作的核心内容。利用新媒体，我们可以不断推广并宣传社会主义价值观、主流思想理论、先进人物以及感动事迹，抛弃传统落后的理念，从而形成积极而开放的舆论场，促进高校良好学风的发展，净化校园环境，营造和谐轻松的传播氛围。此外，新媒体还可以引导先进思想的广泛传播，积极宣扬并表彰不同行业的人物事迹，批判一些不良的社会现象，从而潜移默化地影响受众者，培养21世纪大学生的科学价值观，促使他们思想道德意识的有效提升，以此达到高校开展思政教育工作的最佳效果，实现其教育目标。

第二节　新媒体时代高校思想政治教育的机遇与挑战

新媒体作为当代最具有革命性的科技成果之一，以一种全新的信息传播方式加速了思想政治教育的知识传播，更好地满足了思想政治教育者和受教育者之间双向互动的需要，不断地推动着思想政治教育的发展完善；新媒体也使大学生思想政治教育面临着严峻的挑战，新时期大学生思想政治教育创新势在必行。

一、新媒体给高校思想政治教育带来的新机遇

（一）新媒体促进了思想政治教育资源的共享

新媒体时代各种信息传媒层出不穷，它的超大信息量，使思想政治教育内容丰富而全面，具有更多的客观性和可选择性。同时，新媒体的即时性克服了传统媒体信息传递时效性比较差的缺点，使思想政治教育工作者可以在第一时间内把信息资源通过专门的网站、网页、电子邮件等传递到网络空间，供学生浏览、学习，大大提高了教育和工作的效率。

新媒体的不断发展，使思想政治教育内容的形态从平面化走向立体化，由静态变为动态，从现实走向网络。思想政治教育工作者可以通过面对面的形式，也可以通过手机媒体、电脑网络媒体与大学生进行交流、沟通。

新媒体也扩大了思想政治教育的覆盖面和影响力，使大学生通过新媒体获得广泛的社会信息的同时，也能接受思想政治教育信息，受到思想政治教育的影响，从而不断提高思想道德素质，大大增强思想政治教育的影响力和有效性。

（二）新媒体拓展了思想政治教育工作的空间、领域和模式

新媒体为高校思想政治教育工作开辟了新领域和新空间。数字技术、计算机网络技术和移动通信技术等使新媒体形成了巨大的网络体系，具有资源丰富、信息容量大、传输快捷和交互性强、形式多元、覆盖面广等优势，较之以往任何一种传播技术和交流工具都有根本性的跨越。大学生借助多媒体手段可以跨越时间和空间实现思想交流、感情传达。在这一新的领域，随着思想政治教育内容的不断丰富，范围变得尤为广阔，形式变得越发多样，形态变得更加无形，形势变得更为复杂，难度变得越来越大。新媒体使家校联系在一起，通过新媒体手段，家长可以做到随时、随地地了解学生在学校的生活、学习状态，这样可以使思想政治教育保持一定的连贯性。开展新媒体时代的高校思想政治教育，高校可以借助信息网络平台建立自己的思想政治教育网站，积极利用网站的信息传播空间进行思想政治教育的宣传，对大学生进行卓有成效的思想政治教育。同时，大学生可以借助思想政治教育网站了解政治时事，丰富和提高自己的思想道德素养。新媒体为高校思想政治教育工作创建了新平台。传统的思想政治教育的形式局限于课堂、交流会、面对面的谈话等形式，这使得教育形式单一化，同时也受到时间、地域的局限。新媒体时代，高校思想政治教育可以借助新媒体技术，突破时间和地域的限制，借助于丰富的、多样的思想政治教育内容对高校大学生进行教育。新媒体时代发展出一系列社交方式，例如QQ、微信、微博、网络论坛等，这些社交方式具有快捷、灵活、互动性强的特点，在高校思想政治教育的过程中发挥了重要作用。

新媒体为高校思想政治教育工作提供了新模式。传统的教育模式由于缺乏时代特征，已经不能与新媒体的时代特征完全接轨。传统的思想教育模式是一种单向的模式，是一种"一刀切"的模式，更多的是一种指令性的教育。新媒体背景下的思想政治教育的模式是一种双向的模式，借助新

媒体技术，这种交流模式能够通过文字、图片、音频、视频等声情并茂的形式进行传达。新媒体时代的教育模式做到了"两结合"：一是将高校的校园文化与新媒体文化相结合，在发展新媒体技术的同时，促进高校的文化建设，丰富校园文化内容，拓展校园文化内涵，延伸校园文化功能。二是将大学生的成长与新媒体文化相结合，不断丰富大学生思想道德素质，促进大学生思维将"现实"与"虚拟"结合，促进思想政治教育与新媒体价值影响的相互协调，在丰富高校思想政治教育内涵的同时，更好地营造健康向上、积极文明的高校文化氛围①。

（三）新媒体扩大了思想政治教育工作的开放性和自主性

当新媒体的开放性与高校思想政治教育结合时，高校思想政治教育变得更加开放，一改传统教育方式和教育模式，使传统的单一信息渠道变得多元化。当今社会，新媒体的开放性和自主性使得人们能够多元地表达个人思想，成为传播思想政治教育的新手段、新载体。在新媒体迅速发展的时代，高校大学生作为新文化的排头兵，他们运用新媒体获取信息的能力走在了时代的前列。新媒体时代的大学生表达话语权的空间日益增大，扩大的话语权使得他们在民主平等的思想政治教育环境中与社会上不良事件及风气作斗争，表达着自己的政治价值观。

网上思想政治工作坚持网上宣传的主旋律，研究宣传形式的多样化问题，以适应网上思想政治工作的需要，不断改进方式方法，努力增强说服力、影响力和战斗力。思想政治教育工作者要充分利用网络得天独厚的优势，把准时代的脉搏，弘扬时代的主旋律，在新形势下发挥思想政治工作的服务保证作用。

高校思想政治教育在新媒体技术的助力下，借助学科力量、教育者

---

①神彦飞.新媒体时代高校思想政治教育范式转换与实践[M].济南：山东大学出版社，2021：5.

的力量帮助大学生进行思想政治教育。在新媒体的作用下，教育者与受教育者的地位处于平等状态，这种平等是平等的地位、平等的交流，这种教育模式使受教育者的主体能动性受到尊重，发挥了他们学习的主动性、创造性。

（四）新媒体增强了思想政治教育的可接受性

在思想政治教育工作中，教育者与被教育者之间的信任程度是影响和制约教育效果和教育质量的重要因素。在传统的思想政治教育关系中，教师总是处于"我讲你听、我打你通"的居高临下的位置，这就使大学生往往不愿意向老师讲真话，师生之间缺乏有效沟通与良性互动，导致大学生思想政治教育学习效率低下。

新媒体作为一种现代化的交流平台，打破了现实世界与虚拟世界之间的界限，从根本上改变了人们的交往方式。角色虚拟使交往者保持着相对平等的心态，平等地利用微博、QQ等工具，自由地畅谈自己的思想、观点，对自己感兴趣的话题发表真实的建议和看法，赞成什么、反对什么，都可以在网络中畅所欲言。因此，在思想感情传达上，交往者可以直抒胸臆，容易达到交往的较深层面。新媒体条件下教育者与受教育者的交流也如此。借助微博、QQ等新媒体，能够减少大学生的思想顾虑和心理负担，使其敞开心扉说实话，自由发表意见、观点。因而也带来了双方在人格、权利和地位上平等的感觉，有利于形成一种融洽轻松的氛围，从而消除师生之间的隔阂，增强师生双方的信任程度，使思想政治教育能有良好的教育效果。

同时，在新媒体环境中，角色还可以互换。在网络中选择和吸收各种思想政治教育信息时，参与者是以受教育者的身份出现的，而在参与网络各种信息的制作、发布等网络实践活动中，将自己的思想、观点及信息传播出去时，参与者又成为教育者。这非常有利于教育者从中了解大学生的真实想法，从而使思想政治教育工作做到有的放矢，也有利于对相关问题进行较为深入的探讨，增强思想政治教育的实效性。

（五）新媒体技术的综合运用提高了大学生思想政治教育的实效性

检验思想政治教育是否有效以及效果的大小，其主要依据就是思想政治教育目的和意图的实现程度。而要想取得思想政治教育的最佳效果，内化是关键。新媒体技术的综合运用，为思想政治教育的创新和促进大学生思想政治教育的内化提供了新的契机。一是网络丰富的共享信息，为开展思想政治教育提供了充足的资源。二是网络传输的快捷性和交往的隐匿性，有助于迅速、准确地了解受教育者的思想情绪和他们所关注的热点问题，从而加强思想政治教育的针对性。三是网络主体的平等性和交往的互动性，有助于实现受教育者主动参与对话交流，把教育转化为受教育者的自我教育，从而提升思想政治教育的实效性。四是网络传输的超时空性，扩大了思想政治教育的覆盖面，促进了思想政治教育的社会化[①]。

另外，新媒体的开放性和超时空性，有助于大学生多元化观念和全球意识的养成；新媒体网络交往的自由性和平等性，有助于增强大学生的民主意识和权利意识；网络信息传输和更新的快捷性，有助于增强大学生的效率观念、竞争意识、创新意识；网络空间的匿名性，在减少外在约束机制的同时，也有助于大学生道德自主意识的提升。由此可见，综合运用新媒体技术，对于培养大学生的独立性、自主性、创造性等主体性品质，实现思想政治教育的最佳效果具有积极的促进作用。

二、新媒体给高校思想政治教育带来的新挑战

新媒体时代，信息的自由传播扰乱了信息传播的环境，容易造成媒体

---

① 徐玉钦著.新媒体时代高校思想政治教学模式研究[M].长春：北方妇女儿童出版社，2021：10.

的失范，使得个人隐私、伦理道德、信息安全等一系列问题频频出现，这一切很容易对高校大学生的思想、道德、政治观念产生负面影响，为高校思想政治教育工作带来了极大的挑战。

随着以互联网为载体的"第四媒体"的渗透和普及，网络越来越成为各种社会思想交锋的前沿阵地。其中，网络舆情就是公众对互联网上传播的某一焦点或热点问题所表达的有一定影响力、带有倾向性的意见或言论的一种社会舆论。对于高校思想政治教育工作来说，网络舆情已经成为思想政治教育工作者了解社会思想状况的"晴雨表"。因此，了解网络舆情，把握舆情动态，引领舆情方向，已经成为高校思想政治教育工作面临的新课题。新媒体技术正在时时刻刻地改变着高校大学生的生活、学习方式，这一技术的应用成为改变大学生行为模式的一个重要因素。新媒体的普及和应用给高校的思想政治教育提出了新课题，对新时期的高校思想政治教育工作提出了新的挑战①。

（一）新媒体信息传播的"无屏障性"使大学生思想政治教育内容受到挑战

新媒体时代的信息传播在某种程度上可以说是一种"时间无屏障""空间无屏障""资讯无屏障"状态。在互联网上，每个人既可以是信息的发出者，也可以是信息的接收者。正是由于网络传播的这种交互性，所以网络上的信息良莠不齐、真假难辨，充斥着谎言、讹言、毫无理性的胡言等，浩如烟海的网络信息给大学生思想观念和道德认知带来深刻影响。新媒体负面影响的存在，加大了大学生思想政治教育舆论导向的难度，削弱了传统思想政治教育的功能和效果，使思想政治教育难度增

①郎捷，王军."信息茧房"对大学生思想政治教育的挑战及应对分析[J].学校党建与思想教育，2020(20)：13-5.

加①。

1. 思想政治教育主旋律受到冲击

当前高校思想政治教育的主要内容包括世界观、人生观、价值观以及社会主义政治、道德与法制观念的教育。新媒体在拓展了大学生知识学习、知识选择空间的同时，也对高校思想政治教育工作的主旋律提出了前所未有的挑战。

在新媒体时代下，信息的传播途径日益增多，在网络中人们可以随时随地上传信息、发表看法，使用起来简单，传播速度快捷。不同地区、不同意识形态、不同年龄、不同职业、不同阅历的人可以同时在线匿名交流，这就使网上的交往环境变得相当复杂。在现阶段针对新媒体中信息的控制和过滤技术又相对滞后，相关的法律法规尚未健全，对新媒体中信息传播内容的控制难度很大，这就导致不同思想观念、政治观点、价值观的广泛流行。

对于正处在世界观、人生观和价值观形成的重要阶段的大学生来说，还不能完全有效地对大量网络信息进行甄别处理，容易不同程度地受到西方发达国家资产阶级意识形态、价值观念和生活方式的影响，有些大学生对共产主义理想、社会主义信念、集体主义原则出现了动摇，这些都给大学生思想政治教育工作者敲响了警钟。

2. 违反社会道德的信息泛滥

新媒体的开放性使其所包含的信息庞杂多样，既有大量进步、健康、有益的信息，也有低俗、迷信甚至反动的内容。毫无疑问，这些垃圾信息形成的负面影响极不利于青年大学生的健康成长。

网络传播的门槛较低，每个人都可以成为信息的发布者，因此信息的质量良莠不齐，存在大量虚假信息，让人难辨真伪。网络信息的庞大

---

①谢晓晖.新媒体时代高校学生思想政治工作面临的挑战与应对策略[J].湖北开放职业学院学报，2022，35(16)：92-93+99.

令审查困难重重，一些网站为了获得高点击率而成为非法信息的传播者。垃圾信息成为伴随新媒体产生的一种营销手段，广告商未经许可所发送的大量垃圾邮件、垃圾信息，干扰了用户的正常生活。新媒体传播速度快、范围广的特征，给诈骗信息以可乘之机，利用互联网实施的诈骗行为屡见不鲜。

网络谣言危害严重。在网络中总会有一些别有用心的人凭空捏造包括文字、视频、图片等多种形式的信息谣言，妄图利用网民的亢奋情绪和巨大能量来达到某种特定的目的。在网络中，人们识别谣言的能力会大大降低，而谣言则能快速扩散，不断把人群的行为引向极端，直至造成破坏性后果。

3.西方社会意识形态的渗透

对于任何一个社会或国家来说，成功的意识形态不仅能够起到让人们认同现行制度的功能，起到维护社会发展与国家稳定的作用，而且能够作为一种准则帮助人们在现实社会生活中做出相应的价值判断。互联网将世界各个国家联系起来，不同的文化形态、思想观念或交融或冲突。但由于网络资源占有的不平等，信息生产权被掌握在少数国家和少数人的手中，在网络中形成的"文化霸权"是不容忽视的事实[1]。

当前新媒体已成为某些西方国家对我国进行意识形态渗透的重要媒介。它们不断通过新媒体向我国传播它们的生活方式、人生观、价值观，宣扬资产阶级的民主和自由。有关个人主义、享乐主义、拜金主义等各种腐朽的生活方式和价值观的信息随着新媒体的发展不断涌入我国，像毒药一般侵害、腐蚀着青年人的头脑。错误价值观的传播给高校思想政治工作带来了一定的难度，削弱了主流价值观的影响力，不利于大学生正确价值观的形成。

---

[1]刘琳琳著.新媒体时代高校思想政治教育研究[M].长春：吉林大学出版社，2021：8.

（二）新媒体的传播特点对思想政治教育模式提出挑战

传统的大学生思想政治教育主要通过面对面的方式，与学生进行沟通交流，引导、启发学生加强思想道德学习，增加爱国之情，树立理想信念和社会责任感。这种教育方式情感互动性强，有针对性，交流的效果突出。新媒体的发展改变了大学生思想政治教育的环境，对大学生思想政治教育的过程、方法等提出了新的挑战。

1.新媒体的发展使高校大学生思想政治教育环境趋于复杂

在信息科技不发达的情况下，学生们能够接触到的信息载体主要是报纸、电视、广播，而且政府和学校对这些载体传递的信息内容可以进行过滤，主动权掌握在思想政治工作者手中，我们可以坚持党性原则，坚持以社会效益为首而将不正确的观点、不恰当的信息去除，以保证弘扬社会主义教育主旋律。在新媒体环境下，大学生受教育的空间广泛、自由，而新媒体的开放性特征使各种非主流声音，各种政治的、社会的谣言甚至危害国家安全的信息从网上到网下到处流传，给大学生群体造成十分消极的影响。我们必须清醒地认识到"当前，一些境外敌对势力投入大量的人力物力财力扶植一些所谓的'公知''网络大V'以及'意见领袖'等，让他们通过发表一些不成熟的或错误的言论，有目的性地引导舆论，造成人民群众思想领域的混乱，瓦解人民群众的社会共识"①。在这种情况下，高校必须充分发挥党和政府在思想政治教育方面的领导作用，站在"培养什么人、如何培养人"这一事关社会主义事业发展的根本问题的高度上，充分认识争夺互联网阵地的艰巨性和重要意义，要采取有效措施，有针对性地、以足够的主流网络信息占领网络空间，最大限度地减少非主流信息，引导大学生树立正确的世界观、人生观、价值观、道德观，增强抵制腐蚀

①鲁宽民，徐奇.网络发展与网络意识形态安全维护的逻辑关系[J].学校党建与思想教育，2017(9)：3.

思想的能力，确保大学生思想政治教育的实效性①。

2.新媒体的发展对高校思想政治教育的过程提出新要求

通过新媒体，大学生可以接触到各种各样的信息，包括各门类学科知识、时事报道、奇闻逸事、思想言论等。新媒体信息的传播跨越了时空的限制，通过传媒技术把世界各地的人们联系在了一起。各种不同意识形态、政治制度、文化背景下的思想观点混合在一起，极易导致世界观、人生观尚未完全成熟的大学生在面对新媒体中多元化的思想观念进行价值判断时，产生各种困惑。大学生在遇到社会上各种疑难问题时，急切需要得到能够令人信服的答案，解开他们思想上的种种疑问。但是，当学生通过新媒体来表达思想状况、心理需求时，就给教育者的工作带来极大的难度。新媒体环境下，由于大多数人都通过各自的代号而非自己的真实姓名上网，教师无法知道究竟是谁在发表意见，不清楚学生正在关注什么、遇到了什么难题、思考些什么、想知道什么，因而大学生思想政治教育工作就难以切实地从学生的心理需求出发，有针对性地解决学生实际遇到的问题，甚至有时非但达不到理想的教育效果，还会引起学生的逆反情绪，产生负面效果。虽然当前许多高校都建立了自己的校园内部网站，开辟了思想政治教育专栏，但由于内容比较单一，形式缺乏灵活性，语言缺少生动性，缺乏对大学生实际心理需求的针对性研究，吸引力不强，而且对网站的管理与维护又相对滞后，网页更新速度慢，所以目前大学生对此类网站的访问量不大，效果欠佳。党中央高度重视网络阵地建设和网络宣传思想工作。习近平总书记在2016年4月19日网络安全和信息化工作座谈会上指出：“互联网是一个社会信息大平台，亿万网民在上面获得信息、交流信息，这会对他们的求知途径、思维方式、价值观念产生重要影响，特别是

---

① 丁冠印，贾晓娟，田媛媛著.新媒体时代大学生思想政治教育的创新与发展[M].北京：北京工业大学出版社，2020：12.

会对他们对国家、对社会、对工作、对人生的看法产生重要影响。"①必须高度重视互联网对人们思想行为的影响。在高校中，也要重视互联网对思想政治教育工作的影响，要坚持与时俱进，不断提升思想政治工作的针对性，正如习近平总书记所强调的："做好高校思想政治工作，要因事而化、因时而进、因势而新。"②

3.新媒体的发展使大学生思想政治教育方法面临挑战

传统的思想政治教育，使用较多的是摆事实、讲道理的教育方法。思想政治教育者通过课堂宣讲、个别谈心等面对面的方式，对受教育者动之以情、晓之以理，促使其提高思想认识，解决问题。这种方式的针对性强，反馈及时，有一定的优越性。但是，在新媒体时代，思想政治教育方法面临着新情况：一方面，讲课、谈心这种必须在合适的地点、时间进行的教育方式，在新媒体环境下，学生受教育的空间广泛，比较自由，能否取得理想的教育效果？另一方面，教育的效果取决于教育者的现场发挥，教育者一般在精心准备授课的情况下，持续保持良好的授课状态很不容易，作为受教育者在现场很容易受到老师的感染，现场教育的效果很好。若是在新媒体环境下，脱离了现场教育的环境氛围，教育的感染力如何保证？面对新媒体信息传播的互动性、个性化、多元化、多样化等特点，创新大学生喜闻乐见的思想政治教育的方式，显得越来越紧迫。

（三）新媒体时代对高校思想政治教育工作者的权威性提出挑战

新媒体时代，大学生强烈的好奇心和对新生事物的认同感，使他们成为新媒体最早的接受者、使用推广者，而教育者却存在新媒体技术意识淡薄、网络技术水平差、缺乏接受新鲜事物的敏锐性、观念更新滞后等不足

①习近平谈治国理政（第2卷）[M].北京：外文出版社，2017：335.
②习近平谈治国理政（第2卷）[M].北京：外文出版社，2017：378.

之处，使之处于信息劣势的境地。因此，大学生思想政治教育工作者对新媒体的熟悉、掌握和运用，决定了大学生思想政治教育的发展。

1.新媒体时代对思想政治教育工作者的信息优势地位提出了挑战

在传统大学生思想政治教育工作中，思想政治教育工作者既具有理论上的优势，又具有丰富的历史人文社会知识上的优势，加上多年知识信息的累积和对传统媒介的熟悉，具有绝对的主体掌控地位。在教育过程中，思想政治教育者可以及时把握社会政治、经济和文化动态，并将之与思想理论教育相结合，使教育形式更加丰富，内容更加充实，同时充分展示个人的教学魅力，从而增强了思想政治教育的吸引力。在新媒体时代，这种格局开始被打破。大学生作为使用新媒体的主力军，对各种社会现象非常敏感，他们借助新媒体可以便捷地寻找和吸收自己需要的信息，完全绕过了大学生思想政治教育主体这一传播思想政治教育理念的根本媒介，久而久之，大学生思想政治教育工作者的教育主体和教育主导者的地位受到了"撼动"，受教育者和教育者的地位由隶属关系变成相互学习、相互促进的平等关系，从而改变了受教育者自身在传统教育中处于知识信息劣势的格局。这无疑对传统思想政治教育工作者的主体地位提出了严峻的挑战。

2.新媒体时代对思想政治教育工作者的知识结构提出了挑战

新媒体技术的出现，对大学生思想政治教育工作者的知识结构提出了挑战。新媒体打破了知识传授单向的传输模式，信息的多向性为大学生提供了较多的选择空间，学生的自主学习能力得到加强，有时候甚至会出现教育者所接受的信息迟于或少于被教育者的现象。马克思指出："理论一经掌握群众，也会变成物质力量。理论只要说服人，就能掌握群众；而理论只要彻底，就能说服人。"[①]在新媒体所构建的平等的交互

---

①马克思恩格斯文集（第1卷）[M].北京：人民出版社，2009：11.

性的平台上，大学生的主体意识会被极大地调动起来，影响并改变着他们的认知方式和接受方式。由于获取信息的渠道更宽，接触不同观点的机会更多，大学生不再像以前那样被动地接受教育者的灌输和安排。他们用自己的是非观、判断力，选择自己认为正确的观点，主动获取知识的同时，要求与教师平等对话，这既反映出教育的进步，同时也对教育者的知识掌握提出了更高的要求。思想政治工作者只有学会科学评估和研究互联网络对大学生思想政治工作所产生的全方位影响，不断加强网络知识和技能的学习，提高与学生网络沟通的能力，才能真正成为大学生健康成长的指导者和引路人。

3.新媒体时代对思想政治教育工作者的素质提出了挑战

在思想政治教育过程中，思想政治教育工作者的素质包括思想素质、政治素质、文化素质等多方面。通过提高思想政治教育工作者的相关素质可以有效地提高他们的人格魅力以及对受教育者的吸引力，进而使得受教育者能够心悦诚服地追随思想政治教育工作者的脚步，根据教育工作者传授的理念和内容形成符合社会发展的思想观念和行为方式。新媒体条件下，随着网络信息技术异乎寻常的迅猛发展，大多数思想政治教育内容和理念通过网络这个新媒介以不同的方式展现出来，极大地吸引了大学生的眼球。相比于思想政治教育工作者的谆谆教诲，大学生们更喜欢通过网络来了解和吸收自己所需要的知识。

要通过网络引导的方式来指导大学生正确探寻所需信息，大学生思想政治教育工作者除了要具备政治、文化等基本素质之外，还要有基本的网络素质以及筛选信息的能力，这就给大学生思想政治教育工作者的素质提出了更高的要求。建设一支具有较高思想道德素质、政治理论水平，良好的心理品质和一定的创新能力，熟悉网络，能熟练地操作多媒体的高素质的思想政治教育工作队伍，是新媒体时代下解决大学生思想政治教育困境的必由之路。

第三节　新媒体时代下高校思想政治教育的发展趋势

新媒体作为数字化技术的衍生物，已经自然而然地影响了当下人们的生活、工作和学习，也在不知不觉中为高校的思想政治教育营造了一种必须关注的氛围——新媒体环境。就目前而言，新媒体环境给高校的思想政治教育带来的影响主要都是基于新媒体的诸多优势以及新媒体在一定程度上不以人的意志为转移的强大的辐射力而形成的。因这种辐射力前所未有，对高校思想政治教育必然会产生强劲效应，事实上也在一定程度上促进了高校思想政治教育的变革。从历史的眼光来看，为适应和应对日益多元化的新媒体环境，高校思想政治教育工作日益呈现出以下发展趋势。

一、开放程度越来越高

新媒体环境是一个开放的环境，它所带来的信息技术等成果附属品都是面向全社会公开的。新媒体环境将每个个体的人置于其下，人作为受众，已经成为新媒体的一部分，不可避免地受到新媒体环境的影响。

随着技术的进步和形式多样化的普及，新媒体环境的开放程度也会越来越高。高校思想政治教育离不开也不可能离开新媒体的"大环境"而实行"象牙塔式的教育"。高校思想政治教育的实施既然必须在新媒体环境中进行，教育层面的改革也必须要考虑到新媒体环境甚至必须运用新媒体技术给予支持，教育效果的检测也必须与新媒体环境相联系才能反馈出真实性。更重要的是因为高校思想政治教育的实施过程与其中的步骤、环节都与新媒体环境密切相关，新媒体环境的开放性决定了高校思想政治教育环境也将会越来越开放，这是新媒体环境下高校思想政治教育发展的一个鲜明趋势。

新媒体环境为高校思想政治理论课教学提供了开放的教育平台，使高校思想政治教育在教育主客体上的平等性和交流互动性方面日益增强。一方面，教学主客体面对的环境是同一的，获得信息资源的渠道是平等的，体现了新媒体环境下资源共享的平等性。因此，在这个意义上，没有教师比学生优先的对比，双方都有获得相同信息资源的权利，而这种权利的对等性在以一种平等性的关照体现于高校的思想政治教育中，教师看到和得到的资料，学生也同样能看到和得到，区别只是在于双方看待问题的视角不同：大学生朝气蓬勃，有着这个年龄段特有的青春气息，他们从自己的角度关注世界，获取和感受信息；教师由于阅历，看待问题的视角自然与学生不同。另一方面，在新媒体环境下，教学主客体的表达渠道是平等的。教师与学生都运用新媒体环境下的各种形式表达自己的意见、发表自己的观点，双方在沟通与交流的状态中体现为平等的对称性。一般情况下，除非设置专门的权限，否则教师与学生谁都没有比谁更优先的发言权，大家的交流是开放和平等的，是一种平等的参与。正是由于这种师生双方表达渠道的畅通平等，新媒体环境下教师与学生的距离拉近了，交流的机会增多了，不再局限于面对面的探讨，也不仅仅受限于传统意义上的电话询问或是纸质信件的往来，而是在越来越多的交流路径中实现互动。由于减少了交流与沟通的障碍，拓展了交往的渠道，时空限制的影响大大缩减，师生双方交流在新媒体环境下变得更为快捷，而博客、微博等的使用也为师生的交流提供了更多能够及时互动的条件，便于双方迅速了解对方的所思所想，并给予及时的反馈。

二、思想政治教育手段日益灵活多元

教育手段日益灵活多元是高校思想政治教育在新媒体环境下发展的又一趋势。作为数字化技术的应用载体，新媒体在实践手段上是多样化的。源于此背景下的新媒体技术的使用，更是丰富了高校思想政治教育的表现形式，使思想政治教育手段日益呈现出多元化发展的态势；为了适应新媒体环境所进行的思想政治教育教学改革，在某种程度上也会促进教育手段的丰富，这也是增强思想政治教育的说服力和感染力，提升教育实效性的必由之路。

目前，关于高校思想政治教育手段的探讨已经取得相应的进展，灵活性与多元化的发展趋势也日益明朗。以高校思想政治课教学为例，部分教师根据教学的需要，适当地在教学中穿插与课程内容相关的视频资料，或者即时插入学生根据自己对学习内容的理解而制作的DV短剧作品等，这些手段的融入与运用，相对于单一刻板的教师主讲式的口授形式，增强了教学内容的感染力和说服力，能更好地帮助教师清晰而生动地表达课堂教学内容，对课堂教学具有很好的辅助作用。网上提交与批改作业也是一些高校思想政治理论课教学中常用的举措，这不仅省去了收发作业的烦琐，教师还可以及时对学生的作业做出批注，学生也可以及时了解到自己的作业情况；另外，师生也可以通过微信实现交流，双方可以就一些感兴趣的问题进行探讨。可以说，这些教学手段的引入突破了单一的授课地点与固定学时的局限，师生双方缩小了距离，增多了交流思想、分享心得的机会，拓展了师生沟通的渠道，也逐渐创建了一种新媒体环境下新型的师生关系。

在新媒体环境下，创建教辅专区也是常用的一种手段。新媒体环境为教辅专区的创建提供了技术上的支撑。教师可以将自己的教案与课件挂在网上固定的空间（比如上传至教学公共邮箱等）并做到随时更新；也可以将课堂上没有时间讲解的案例等做成文件包，让学生在课前课后自主学习，实现有针对性的预习与复习，从而强化学生对课堂教学内容的理解和消化；还可以创建习题库，提供与课堂教学内容相关的各类题目，让学生可以根据自己的时间去调整学习计划，随时而不必拘于课堂有限的时间去完成，以检测自己的学习效果，有效地实现教学反馈；教学团队还可以利用新媒体资源与条件，就大学生关注的现实问题和理论教育中的重点、难点问题等构建实验教学模型。例如建构体验式的虚拟实验室，通过模拟场景让学生进入模拟的教学情境。当今社会，信息科技飞速发展，大学生每天接触庞杂的信息流，多元的文化观、价值观也在潜移默化地影响着他们的身心成长。价值建构实验室采取多样化的灵活方式，运用仿真技术设置模拟环境，包括对大学生成长环节以及今后人生中的一些场景的模拟，让学生在具体的体验过程中接受教育，提升素质，在多重性的可能中做出选择，形成自己的价值判断，树立正确的世界观、人生观和价值观。这种实验教学手段以具体而鲜活的体验向学生呈现教学内容，尤其通过实验结果数据的分析，可以检测课堂教学的实际效果，获得真实的教学反馈资料，实现课堂教育和日常教育的延伸功能，对于跟踪研究思想政治教育的长远效果大有裨益。高校思想政治教育工作者还可以利用新媒体环境创建类似于"论坛中心""心灵家园"等互动社区，把大学生的关注点引导到特定的方向和问题上来，提高大学生的思想认知和心理健康水平。

利用新媒体环境创建各种游戏也是高校思想政治教育改革中的一种新尝试。教育者根据教学内容的需要，与技术公司一起研发教育题材的游戏，比如励志游戏、红色主题游戏等。在游戏的设计上秉承寓教于乐的理念，格调健康向上，在游戏中植入核心价值观，使学生在游戏中潜移默化地提高思想意识。另外，教育工作者根据对游戏的使用效果所进行的跟踪分析则对新一轮的游戏研发提供了宝贵的建设性意见，以促进良性循环的形成。

总之，就目前而言，新媒体丰富的教育手段在一定程度上打破了高校思想政治教育的单一刻板，以生动多元的表现形式增强了高校思想政治教育的感染力和说服力，从而提升了思想政治教育的实效性。但是，随着新媒体环境的开放程度愈来愈高，高校思想政治教育的难度也会越来越大，对教育手段更新的要求也会越来越高。所以，关于教育手段的探讨将会永远持续下去，这就必然带来教育手段的日益灵活和多元化。

三、新媒体环境对教育工作者的新媒介素养要求将会越来越高

新媒介素养是高校思想政治教育工作者在新媒体环境下所必须具备的综合素质。与传统媒体主导时代的高校思想政治教育相比，新媒体环境下，高校思想政治教育工作难度加大、任务艰巨，如何在错综复杂的新媒体环境下，落实好高校思想政治教育工作，使之真正增强感染力和说服力，真正实现育人功能，是新媒体环境下高校教育工作者时刻都要面对的议题。随着新媒体技术的深入普及，对教育工作者的综合素质要求也会越来越高。新媒介素养大致包含两个方面，一是技术层面的媒介素养，二是建立在人文素养基础之上的、对于媒体产品与媒体信息的评估选择层面的媒介素养。

新媒体是基于数字化技术主导的一种延伸，在信息技术迅猛发展的时代有着广泛的使用空间。数字化是以计算机技术为依托的技术处理过程，新媒体又是在数字化技术背景下出现的新的媒体形式。新媒体也只有在数字化技术背景下才能实现其多种多样的功能，为人们的学习和生活提供广阔的使用空间。新媒体有别于传统媒体的新特点给高校思想政治教育带来了突出的变化。媒介素养是新媒体素养中的一个基本方面。身处新媒体环境下的高校思想政治教育工作者，必须掌握一些基本的操作技术来应对这种环境给高校思想政治教育带来的变化。

新媒体的传播形式多样、迅速便捷在一定程度上影响了高校思想政治教育教学，增强了高校思想政治教育教学的难度。新媒体背景下，学生获得信息的渠道多种多样，而某些不健康的文化思潮对正处于人生成长关键期的大学生们是不利的。在新媒体环境下，如何真正发挥思想政治教育的主渠道作用，为培养高素质人才做出更大贡献，是当前高校思想政治教育工作者面临的一个严峻任务。要解决好这个现实的问题，就必须关注新媒体环境下教育者的人文素养。如果说媒介素养是一个硬件层面的要求，新媒体环境下的媒体素养就是一个软性的综合层面的要求。媒体素养虽然

是对师生的双向要求，但更主要针对的群体是高校思想政治教育工作者。新媒体素养所包含的内容十分广博，其中深厚的人文知识底蕴是必要的前提。高校思想政治教育是一项系统工程，对于教育工作者知识积累的要求非常高。新媒体环境下，简单的说教式早已不能适应教育的需要，不仅在形式上过于陈旧落伍，在深度上也显得过于肤浅。而新媒体环境下的信息流量巨大，每天面对庞杂的信息，如何甄别真假，进行正确的选择，这需要具有丰富的知识储备作为依托，只有"底子厚，视野宽"，才能具有拒绝消极负面信息的能力，选择恰当的教育素材，在教育中给予学生正确的引导。可以说，新媒体环境下，教育工作者良好的人文素养也是保证高校思想政治教育实效性的重要条件之一。

道德法律层面的素养也是新媒体素养中的重要内容。在新媒体日益开放的环境下，人的主动性、自由参与度日渐彰显，可以说，新媒体环境为实现人的某种主观诉求提供了现实的路径。新媒体环境虽是开放性的，但是在某种程度上对个体而言又是隐匿的。所以，新媒体时代的自由应该是有限度的，需要人的道德自律与法律约束层面的主观意识。面对新媒体时代，越来越需要清醒理智，谨言慎行。例如在网上发言，要负责任地说话，面对不同意见的争论时，更要以理服人，注意文明用语，更不能僭越法律，这样才能营造健康的新媒体氛围。高校思想政治教育是系统的育人工程，这一工程的具体实施要靠师生双方，但是对教育工作者的要求更高。就目前情况来看，教育工作者在这方面的素养还有提升的空间。而随着新媒体环境的愈加开放，人的主观自由感在新媒体平台上也随之增强，在这种场景中，思想政治教育工作者的道德法律素养是高校思想政治教育有效实施的重要保障，直接关系到新媒体环境下高校思想政治教育的实效性。

总之，高校思想政治教育的主力军是教育工作者，他们既是教育理念的实施者，也是教育手段的践行者。在新媒体环境下，教育工作者的良好素养是高校思想政治教育工作与时俱进的必然要求，也是实现教育目的的有力保障。

第二章　新媒体时代思想政治教育话语体系

第一节　新媒体时代思想政治教育话语概论

一、新媒体时代思想政治教育话语的新定义

基于新媒体时代思想政治教育的形式、内容等诸多方面均已发生了重大变化，其话语的定义应为：新媒体时代思想政治教育话语是指思想政治教育活动主体运用新媒体技术，以跨界思维为逻辑起点，通过多形式、多模态的信息传播而展开的沟通活动，包括说话人、受话人、文本、沟通、语境等要素，以达到指向一定思想政治教育目的的语言符号系统。其内涵体现在以下三点：

（一）新媒体时代思想政治教育话语已超越了作为社会符号的语言

传统意义上的话语，可以理解为是一种社会符号的语言，而在新媒体时代，话语已超越了作为社会符号的语言，成为使用两种或者多种符号资源(语言、图像、空间等)完成意义建构的社会实践。在新媒体时代，语篇的含义也从传统的静态文字语篇扩展到了动态多模态语篇。①因此，思想政治教育活动主体只有适应这种变化，以跨界思维推动思想政治教育话语的建构，才能更好地完成思想政治教育目的的社会实践。

---

①胡雯.新媒体时代话语分析的发展[J].沈阳大学学报，2011（4）：85-88.

（二）新媒体时代思想政治教育话语传播呈现多形式、多模态

新媒体时代，由于信息的传递过程是双向的，信息的发送者既是发送者也可以成为接收者，因而大大改善了传统媒体传播信息过程中受众的被动地位。正因为如此，话语在新媒体时代呈现出多形式、多模态，基于此，思想政治教育话语唯有通过这些新的形式以及不同的模态才能得以体现。

（三）新媒体时代思想政治教育话语沟通更具人性化和契合性

新媒体时代的话语具备了很大的开放性，不仅使大众从单纯的受众变成媒体的主体，具有了更大的主动性，而且信息的获取也越来越快捷、方便、自由。因此，在新媒体时代，突出思想政治教育话语的人文关怀和以人为本的宗旨，是实现思想承载性、主体主导性和内容契合性的保证[①]。

二、新媒体时代高校思想政治教育话语的特征

与传统高校思想政治教育话语特征相比较，新媒体时代高校思想政治教育话语特征是有所不同的，主要有四个特征：

（一）思想开放性

话语具有多种话语方式，任何一种话语方式都承载和传递着一定的思想内容；离开了这种表达方式，就不会有任何思想体现。传统高校思想政治教育所传播的思想，主要是通过话语来实现的，无论是表达者还是接受者，都是首先通过话语方式来表达和理解语言信息的，但这种话语表达方式，往往受到时间、地点的限制，带有某种程度上的封闭性。而新媒体时

---

①张林，胡晓.思想政治教育传播效度的消融与重构——以网络拟态环境为话语空间[J].重庆邮电大学学报（社会科学版），2014(3)：71-75.

代却使这种表达方式发生革命性变化，新媒体在传播时间、内容和方式上都表现出了极大的开放性。由于新媒体的信息传播突破了时空界限，成为真正意义上的"全天候媒体"，尤其是新媒体所带来的海量信息，实现了"资讯无屏障"，使网络用户可以获取的信息永不枯竭。因此，新媒体时代高校思想政治教育所传播的思想，必须体现极大的开放性，它应当善于借助这种开放性的表达方式来承载和传递着一定的思想内容；可以说，离开"开放性"话语，思想政治教育活动主体的教育思想既无法表达，也无所依附[①]。

（二）主体交互性

传统高校思想政治教育话语，通常是以思想政治教育工作者为教育主体的，所采用的控制式和劝导式话语方式与思想政治教育工作者在思想政治教育实施过程中的主体地位是相适应的，表现为"实施主导性"。新媒体时代的一个显著特点是，新媒体的传播方式是双向的，传播者和受众在信息交流过程中都有对等的控制权或主动权，每个人都既是传播者，又是受众，传播信息和接受信息几乎可以同时完成。由于在新媒体空间里每个主体都以相互区别的代号平等存在、平等对待、平等交流，要求高校思想政治教育话语的对话双方都必须拥有平等的话语权，教育者与受教育者可以采取自愿、自由的方式展开对话，并且这种对话不是封闭式而是开放式的，不是控制式或劝导式而是交互性的。施教者只有充分认识到思想政治教育话语主导性的变化，不断调整自己、完善和发展自己，才能更好地发挥自己在新媒体时代高校思想政治教育中的教育和引导作用。

---

① 郑士鹏.新媒体背景下思想政治教育话语权的时代境遇分析[J].大庆师范学院学报，2018，38(05)：152-156.

（三）形式多样性

传统高校思想政治教育话语形式比较单调，主要通过课堂、讲座、报告会等形式来实现。新媒体时代，由于新媒体技术的广泛运用，话语表现形式丰富多彩，它们巧妙地绕开现有结构的控制，使得人们对信息的获取越来越快捷、方便、自由。新媒体所具有的多样性话语形式，不仅超越了报纸版面、电视时段、地缘等方面的限制，更突破了高校课堂、讲座、报告会等话语形式的局限，大大改善了传统媒体传播信息过程中受众的被动地位，在时间和空间两个维度极大地提高了话语传播的可能性和有效性。因此，新媒体时代高校思想政治教育话语必须切实掌握这种"点对多""多对多"等话语形式，只有这样，话语意义才能通过这些新的形式以及不同的模态得以体现。

（四）内容个体性

传统高校思想政治教育话语的内容历来强调两点：一是思想政治教育话语必须与受教育者的日常生活及利益、需求相契合，具有相应的联系；二是思想政治教育话语的表达要与受教育者的接受能力和接受特征相适应。但是在实际操作时，由于受到各种因素的影响，效果不明显，尤其是对有个性化需求的受教育者更难以有效。新媒体技术的运用，也为高校思想政治教育话语带来了两个革命性的变化：一是对等，即强调教育者与受教育者之间对等的关系、对等的权利，由此带给我们的是高校思想教育主客体关系本质的变化。二是点对点，即强调"个性化"的解决问题，由此带给高校思想政治教育的是对传统的、相对粗放的工作模式的变革，是重视每个大学生的个性需求，强调大学生的主观能动性，更新固有的工作理念和方法的变革。新媒体时代高校思想政治教育应当注重话语内容的变革，融图形、文字、声音、动画等于一体，为大学生提供"点对点"的话语传播服务，尤其是针对不同需要的大学生提供个体性的服务，使得思想政治教育话语内容更具契合性和实效性。

三、新媒体时代高校思想政治教育话语的功能

新媒体时代高校思想政治教育话语的功能，概括起来主要有六大功能。

（一）辩护功能

辩护功能是高校思想政治教育话语的学科本源功能，在新媒体时代辩护功能尤显重要。随着新媒体的发展，当代西方新自由主义的思潮也通过网络直接影响了大学生的价值取向，消解了部分大学生对马克思主义的信仰；在价值取向上割裂了个人与集体的关系，消解了部分大学生对集体主义道德观念的信赖与遵守；后现代主义"放逐理想"的价值取向，也导致了部分学生精神状态消极、颓废，思想道德空虚、败坏，对政治的冷漠，远大理想的缺乏与信仰的缺失，消解了他们对国家、民族的责任心与自豪感。面对当前网络上社会思潮的多样性、价值观念的多样性、意识形态的渗透与反渗透等现象，要充分发挥高校思想政治教育话语的辩护功能，否则高校思想政治教育学科的设立就没有必要。这种辩护功能，既要体现对境外意识形态话语的渗透、对境外的不良话语的深刻批判和揭露，同时也要体现对社会主流意识形态的辩护和巩固，尤其是对社会主流意识形态话语的捍卫。当然，这种批判和辩护，主要是通过充分运用新媒体的多种形式，潜移默化地讲授马克思主义基本理论，教会人们用马克思主义的观点和立场分析现实问题，使大学生从各种社会思潮话语的迷宫里走出来，认清事实、了解真相、辨别真伪，以树立正确的人生观和价值观。

（二）导向功能

导向功能是高校思想政治教育话语中最主要的功能，随着新媒体的出现，使得高校思想政治教育话语的导向功能更为显现。新媒体时代，由于传播信息的扩展和传播速度的加快，使得社会信息传播方式丰富起来，现在人们借助新媒体的各种传播形式，可以通过文本、多媒体播件传递各种信息，还可以发送音频、视频信息等，其形式变得越来越复杂多样。由此，传统的思想政治教育的单向灌输话语不再可行，取而代之的是思想政治教育导向话语，通过思想政治教育的导向话语营造主流话语氛围。所以，思想政治教育话语的导向功能是时代所要求的基础功能，而其功能的体现必须借助新媒体才能实现。为体现高校思想政治教育话语在价值、目标和行为方面的功能导向作用，思想政治教育工作者可以利用新媒体即时性的特点，将学生感兴趣的思想政治教育素材发布到网络空间，促进高校思想政治教育学习的即时性；还可以利用新媒体的开放性、随意性特点，将自己在道德观、人生观、价值观方面的观点，通过简单凝练而富有哲理的文字形式发布到微博空间，对学生进行教育，从而提高思想政治教育的针对性。[1]在新媒体环境中，当网络上出现大量议论、争辩激烈时，应发挥好"意见领袖"话语的导向功能作用，加强对舆论的正面引导。"议程设置"是大众传媒所具有的一种为公众设置"议事日程"的功能，指的是传媒在新闻报道和信息传达活动中，可以通过赋予各种"议题"不同程度的显著性的方式，影响人们对事件重要性的判断。[2]在新媒体环境下，虽然信息发布者的话语为公众设置议程的影响力因舆论主体分众化、舆论内容多元化而大打折扣，但网络媒体议程设置的话语仍然存在，如果巧妙运用，同样能够发挥好其话语的导向功能作用。

---

①许方园，曹银忠.微博的思想政治教育功能略论[J].中国校外教育，2011(1)：81-82.
②穆祥望.网络媒体环境下的舆论导向功能研究[J].清报科学，2007(11)：1640-1645.

（三）互动功能

思想政治教育是一个双向互动的过程。新媒体改变了人际沟通的模式，使人际沟通与互动的广度和深度达到了一个新的层面。网络将私人空间与公共空间结合起来，给人们的沟通提供了前所未有的便利。这是一种心理与科技结合的渐进革命。在网络人际沟通中，个人以局部参与互动，实际上是个人自我认同的互动，但参与者共同组成的社会，支撑着互动的进行，个人甚至有时也援引在真实世界中的身份来推动这一互动过程。网络所有的多媒体特性都隐含了互动的功能。[①]新媒体变革了以往人际传播是"点对点"的"对话式"双向传播、大众传播"点对面"的"独自式"单向传播的形式，代之以电子"交互式"的网络传播形式。这种话语的传播形式既综合了前两者的特点与优势，又不是简单的整合和延伸，而是一种全新的沟通互动功能的创造和体现。

从某种意义上说，新媒体时代高校思想政治教育话语是一种特殊的远程信息传播或通信、一种情感传播的过程，其话语的互动功能主要表现在：有助于高校思想政治教育工作者能够按照一定的教育目的要求，选择合适的思想政治信息，通过有效的媒体通道，把知识、观念和技能等远程地传送给教育对象，在教育者和受教育者之间实时地进行双向话语交流活动。同时，也有助于发话者在话语互动的过程中，能够立足话语接受者的实际，结合接受者自身特点，充分尊重个体差异，从接受视角出发，合理满足话语接受者的话语需求，优化表达语境，准确表达教育信息，及时提取反馈信息，从而使接受者在话语的互动中也能够积极主动地接受教育，并通过内化、外化形成良好的思想道德品质和品德行为。因此，可以说新媒体时代高校思想政治教育话语所具有的互动功能，是一种网络思想的政

①韦吉锋，韦继光，徐细希，等.浅谈网络思想政治教育功能[J].广西大学学报（哲学社会科学版），2005(03)：90-94.

治文化传播，是一种在时间和空间上拓展人的语言和情感的融政治性和思想性于一体的网络双向互动行为。正是从这个意义上来说，新媒体时代高校思想政治教育话语传播的主体不仅是教育者，还是受教育者，教育者往往同时又是受教育者，而受教育者往往又是教育者，是他们双方共同的行为和作用，促成了话语传播的进行。教育者和受教育者是两个主体相互依存、相互制约的关系。

（四）渗透功能

所谓渗透功能指的是，新媒体时代高校思想政治教育工作者在进行思想政治教育的过程中，通过采用新媒体技术，将思想政治教育的话语渗透到受教育者实际生活的各个方面，从而使受教育者在渗透功能的影响下，潜移默化地接受这种思想政治教育话语并将其内化为自己的符合社会需要的思想观念、政治观点、道德规范的一种教育形式。新媒体时代高校思想政治教育话语的渗透功能主要体现三个方面。

1.利用校园网渗透高校思想政治教育话语

校园网是大学生经常登录的网站，高校思想政治教育工作者应当重视利用好这一途径。在校园网上，大学生会对各种新闻、观点和主题发表自己的意见和评论，这些会对一些大学生造成不同程度的正面或负面的影响。但针对多数大学生面对众多话语两难选择时，高校传媒的文化与意识形态领域的渗透方式更加应当注意潜移默化、令人难以觉察。通过采取这种潜移默化的渗透方式，改变大学生的观念、思想和舆论，从而使功能发挥的方式更具有隐蔽性，在渗透中实现教育功能。

2.借助新媒体的隐匿性渗透高校思想政治教育话语

新媒体技术的匿名性、隐蔽性等特点，使网友的性别、年龄、身份、地位等社会角色得到屏蔽，网络在线的每一个人，只用符号就可以实现畅所欲言。新媒体技术的这一特征，在一定程度上缩小了人际交往的心理距离，去除了先入为主的交往恐惧，可以使人在精神完全放松的情况下交流认识和思想，这有助于教育者了解大学生的思想动态，获得真实而有价值的信息，解答大学生在成长过程中出现的困惑，并针对他们的各种问题及时准确地加以引导，提高思想政治教育话语渗透的有效性。同时，也可以通过互动互助的论坛、交友、电子邮箱等形式，引导大学生对学校的发展、管理等感兴趣的话题发表自己的观点，在话语的碰撞中充分发挥出新媒体"渗透式"隐形教育的功能。

3.把握新媒体的广泛性渗透高校思想政治教育话语

作为高校思想政治教育新载体的新媒体具有覆盖无限空间的功能。新媒体突破了以往大学生思想政治教育受场地、时间限制等时空局限，使得高校思想政治教育话语传播得以进一步地发挥，更具有广泛性和影响力。随着思想政治教育话语渗透功能的拓展，渗透到组织规范制定和管理过程之中，可以让思想教育在大学生学习、生活的多个角度不知不觉地展开，对教育对象的思想、行为将会产生潜移默化的影响和塑造作用。同时，由于这种渗透功能会有意识地将思想教育话语渗透到人们各种活动之中，可以使过去与思想教育无关的部门、单位、人员和活动领域，成为思想教育的载体，进而形成多种社会因素和多方面人员参与的教育合力的功能，从根本上改变高校思想政治教育话语传播的有限性局面。

（五）规范功能

所谓规范功能是指主体在运行过程中需要实现的目的功能。高校思想政治教育话语的规范功能，就是思想政治教育工作者按照思想政治教育的既定要求，运用教育者的话语权力，对受教育者的政治意识、道德意识等进行规范，以保证高校思想政治教育的目的得以实现。

高校思想政治教育话语在传播的过程中，离不开话语"权力"，但"权力"的运作必须受特定的话语控制才能发挥其作用，没有话语，"权力"就缺少运行的重要载体。同样，任何话语的形成及其实践也是"权力"运作的结果，"权力"能够让一些人的话语成为主流话语，也能够让另一些人的话语隐匿消解。很显然，高校思想政治教育话语应具有这种"权力"，并且它的规范功能就是依靠这种"权力"才得以实现的。鉴于此，为使高校思想政治教育话语的规范功能得以充分发挥，应牢牢掌握三个方面的"权力"。

1.掌握话语"以快制快"的主动权

新媒体时代，信息传播速度之快是空前的，高校思想政治教育工作者应当利用新媒体的快速反应能力，针对网上出现的倾向性问题，抓住问题实质，第一时间向大学生即时播放信息，传播思想政治教育话语，把问题解决在萌芽状态。

2.掌握网络话语的"把关"主动权

首先是"时机把关"。思想政治教育话语权运用的最佳时机，就在于能否及时、有效地扼制问题话语的产生，并且对初露端倪的热点话语给予有效引导，制止有害话语的传播。其次是"内容把关"。高校思想政治教育工作者要精心设置话语内容，突显思想政治教育话语引导的根本任务和重要内容，始终以党的创新理论、社会主义核心价值观作为大学生的话语导向。再次是"网络把关人把关"。高校网络把关人是由网络主管机关、网络管理机构、网络管理者和论坛版主等组成的，需要各方相互协调、通力合作，共同起到"把关人"的作用。

3.牢牢掌握第一时间的话语主动权

新媒体是把双刃剑，往往话语传播的快慢都可能给不良话语留下传播空间。因此，高校思想政治教育工作者必须在第一时间与网络保持亲密接触，有针对性地传播思想政治教育话语，使高校思想政治教育话语的规范功能得以充分发挥。

（六）评价功能

评价功能是指对主客体工作运行过程的结果所进行的全面评价。高校思想政治教育话语的评价功能，就是指对思想政治教育工作者实施思想政治教育既定要求的情况和思想政治教育话语传播的效果进行评价，这种评价包括对他者和自身的两个方面，对思想政治教育话语效果的评价实际上就是话语的自我评价。

新媒体时代，高校思想政治教育话语的评价功能主要体现在三个方面：

1.正效果评价

高校思想政治教育话语的正效果评价，主要是指思想政治教育话语传播思想政治教育内容是否具有积极效果，也即是有效结果。其表征：一是描述有效，是指高校思想政治教育工作者利用新媒体快捷传播的技术，使思想政治教育话语能够准确、恰当、及时地描述思想政治教育内容。二是传播有效，是指高校思想政治教育话语在描述有效的基础上，适时地将思想政治教育内容传播到大学生中间去。三是灌输有效，是指高校思想政治教育工作者充分运用新媒体交往引入的特点，使有形的思想政治教育内容通过无形的方式实现灌输目标。

2.零效果评价

所谓零效果评价就是没有效果，是指在高校思想政治教育活动过程中，思想政治教育话语传播的思想政治教育内容失效(董世军、孙玉华、周立田，2007)。思想政治教育话语失效，就意味着思想政治教育话语失去存在的依据。导致思想政治教育话语失效的根本原因：一是话语与话语内容不同步，使得思想政治教育话语无法对思想政治教育内容进行描述和传播。二是话语与时代发展不同步，使得思想政治教育话语难以在教育者和受教育者之间进行有效沟通。

3.负效果评价

高校思想政治教育话语的负效果评价主要是指思想政治教育话语传播的思想政治教育内容所产生的消极效果，对思想政治教育正效果是一种消解和阻滞，它表明思想政治教育话语已经异化。这种情况，在正常的思想政治教育活动过程中一般不会发生，只是出现在特定的历史时期。

总之，要重视和发挥思想政治教育话语的评价功能，扬长避短、趋利避害，不断增强思想政治教育话语的正效果评价，从而更好地推进新媒体时代高校思想政治教育话语发展。

第二节　新媒体时代高校思想政治教育话语权的转移

一、新媒体时代高校思想政治教育话语发展面临的新机遇

在新媒体时代，高校思想政治教育话语发展面临许多新的机遇，主要体现在以下五方面。

（一）新媒体拓展了高校思想政治教育话语的新空间

传统高校思想政治教育话语，主要基于地缘、职缘的交往范围，是以点对点交往的形式来实现的，受话语随着新媒体的普及而高速发展的影响，高校思想政治教育话语的拓展已成为迫切需要。首先，新媒体所创造的网络世界、虚拟空间等一系列的交往方式日益受到大学生的青睐，这就为高校思想政治教育话语向网络世界、虚拟空间拓展提供了新的机遇。一方面新媒体为大学生提供了一个相对自由的独立空间，使他们能够在网络世界、虚拟空间里不再被任何话语权威所控制，他们可以在不同价值取向的比较中进行选择，培养自己的独立人格。另一方面在新媒体所创造的网络世界、虚拟空间里，高校思想政治教育工作者超越了基于地缘、职缘的

交往范围，为大学生提供了全方位、多层次的思想政治教育话语传播的机会。其次，新媒体所具有的即时、简明、快捷、时代性强等特征，使得许多网络的话语形式、话语内容和话语方式为高校思想政治教育话语发展注入了新的血液和动力。再次，由于高校思想政治教育话语的宏观领域已经无法满足虚拟世界的需要，这就迫使思想政治教育话语向微观领域拓展，从一定程度上来说，唯如此才能形成真正的思想政治教育话语体系。因此，对高校思想政治教育话语的拓展来说，是一个难得的机遇，必须紧紧把握住方可大有作为。

（二）新媒体创新了高校思想政治教育话语交流互动的新范式

传统高校思想政治教育话语的交流范式，主要是"面对面"的直接交流，不仅形式比较单一，更重要的是受教育者处于比较被动的位置，难以达到互动交流的效果。新媒体创新了思想政治教育双方的交流范式，它把传统的思想政治教育中主客体间的"面对面"直接交流，演变为双向交流模式，隐去了先天赋予每个人的各种自然条件和后天形成的社会地位差别，提供给每个人平等的机会。这种交流范式，有利于加强教育者和受教育者之间的沟通，有利于主体在交往、沟通中不断丰富高校思想政治教育话语的内涵，有利于主体共同成为高校思想政治教育话语实践活动的参与者和建构者。简言之，正是由于高校思想政治教育主体间话语的丰富性和创造性，在他们的交流与互动中给高校思想政治教育话语发展提供了良好的发展机遇。

（三）新媒体促进了高校思想政治教育话语适应构建和谐社会提出的新要求

构建社会主义和谐社会，不仅要求高校思想政治教育要与构建和谐社会相适应，而且要不断促进人与人、人与社会、人与自然的和谐以及人的心灵和谐。在诸多和谐中，心灵和谐是人与人关系和谐的基础、人与自然和谐的前提。新媒体时代，来自网络的各种信息会对人的心灵和谐产生影响，这种影响既有正面的也有负面的，而负面影响往往会有害于人的心灵和谐。高校大学生的心灵和谐，是实现全社会和谐的重要组成部分。高校思想政治教育话语必须发挥正能量的作用，以光大正面影响，规避或消解新媒体所带来的负面影响，这不仅是高校思想政治教育话语自身应有的要求，也是对构建社会主义和谐社会提出的新要求。为此，高校思想政治教育话语应通过新媒体的途径和方式，走进大学生的内心世界，对他们的内心进行充分的评估，并采取相应的对策，对他们的心理机制进行干预、对他们的心灵世界的混乱秩序进行梳理，通过潜移默化的影响和作用，使得大学生的内心达到一种和谐的状态。由此可见，高校思想政治教育话语在构建社会主义和谐社会中的作用尤为突出，这也是高校思想政治教育话语向微观拓展所面临的难得机遇。

（四）新媒体提供了高校思想政治教育话语与全球化话语接轨的新机遇

美国社会学家罗伯森认为："作为一个概念，全球化既指世界的压缩，又指认为世界是一个整体的意识的增强。"[①]简单地说，全球化就是两种反向趋势的巧妙融合。一方面，对每个个体而言，人们的生活世界在扩张，区域性的、本土化的、民族性的各种因素不断地向全球范围内延伸，人类的社会活动在经济、政治、军事、技术、文化等各个层面上都日趋深广；另一方面，对整个世界群体而言，随着人类不断跨越空间、制度、国家、文化等方面的障碍，在全球范围内的信息沟通和人际关联日益加强，人们所面临的发展困境也越来越趋同，现实焦虑也日趋集中。前者

---

①[美]罗兰·罗伯森.全球化：社会理论和全球文化[M].梁光严，译.上海：上海人民出版社，2000：11.

体现了世界在物质层面上的扩张性，后者体现了世界在意识层面上的集中性，所谓"全球意识"或"世界意识"的形成，就建立在这种看似相反、实则同质的社会发展基础上。这种"世界意识"就是一种"全球化话语"，其本质就是一种共识，就是要自觉超越国家、区域、民族、种族等的界限，消除种种政治壁垒的限制，从全人类或全世界的角度出发来思考社会问题。

"全球化话语"内涵极为丰富，视域极为宽阔，远远超出了高校思想政治教育话语理论乃至整个思想政治教育话语理论的边界。在新媒体时代，高校思想政治教育话语与全球化话语不应完全相排斥，可以相互沟通、相互吸收，这就为高校思想政治教育话语发展提供了新的契机。但同时，我们也应当注意到这样一个现实：由于传统高校思想政治教育话语的滞后性，全球化话语对高校思想政治教育话语的冲击是客观存在的，导致高校思想政治教育话语出现失语、失效等现象也是不可避免的。因此，在全球化话语的大背景下，高校思想政治教育话语必须借助新媒体技术，去获取更多、更加丰富的世界各民族文化话语资源，才能够不断拓展自身的话语理论，搭建好高校思想政治教育话语与全球化话语接轨的平台，从而在国际舞台上获得更加广阔的发展空间。

（五）新媒体激发了高校思想政治教育话语理论更新的新自觉

当前，由于高校思想政治教育话语在微观领域中的解释匮乏或者退隐，从而使得思想政治教育话语吸引力和战斗力不足，是一个不争的事实。高校思想政治教育话语所面临的现状，迫切需要高校思想政治教育工作者进行理论反思，在反思中逐渐实现理论自觉。这种理论自觉，既是争夺在新媒体世界中的话语权的需要，也是高校思想政治教育话语理论自我评价的需要。当今网络话语集文字、声音、图像、影像于一身，打破了时间限制和地理隔阂，成为一种全方位、立体式的话语体系。高校思想政治教育工作者应当把握新媒体所提供的新机遇，努力促进思想政治教育话语理论自觉，以此激发思想政治教育主客体之间的创造性，以适应思想政治教育向微观世界拓展的需要，从而为高校思想政治教育话语自觉提供广阔的发展空间。

二、新媒体时代高校思想政治教育话语权的转移现象

新媒体时代高校思想政治教育话语在面临发展新机遇的同时，也面临着新挑战，这种挑战主要表现为话语权转移，概括起来存在如下转移现象：

（一）新媒体"海量共享"特性，解构了高校思想政治教育的话语权威和信息优势

在传统高校思想政治教育的话语传播过程中，由于高校思想政治教育工作者掌握着稳定可靠的信息来源，他们在思想政治教育中始终占据主动权，拥有无可争辩的话语权威。而新媒体的广泛应用以及所呈现出的"海量共享"特性，极大地拓展了大学生获取信息资源的机会和渠道，教育者不再是主要的信息源，大学生可以直接从新媒体中获取大量的信息，甚至是教育者所不曾掌握的信息，无形中形成了与教育者的对峙，使得教育者失去话语权威。这是不以人的意志为转移的客观事实。在这种教育者和受教育者面临同样的信息环境中，高校思想政治教育工作者应积极采取相应的对策和措施，尽快适应新情况和新变化，否则，高校思想政治教育的权威性和话语权势必会失去更多的影响力。

（二）新媒体"信息传播无屏障"特性，削弱了高校思想政治教育话语的调控力

高校思想政治教育工作者的调控力是其发挥主导作用的关键因素，调

控力的下降也就意味着思想政治教育工作者话语权的丢失。在传统高校思想政治教育中，高校思想政治教育工作者的话语权是建立在一定控制力基础上的，尽管大学生也会受到来自社会上的不良影响，但在总体上高校思想政治教育工作者还是能够对大学生接触的信息具有较好的可控性。而在新媒体时代，由于"信息传播无屏障"特性，任何观点、思想在网络上的传播都不再有限制，这使得高校思想政治教育工作者对信息源的掌控显得越发力不从心，随着作为"把关人"的话语调控力的削弱，思想政治教育工作者的话语权也将无从谈起。新媒体信息的多元化使多种思想和文化并存，在一定程度上给大学生的思想造成了混乱，更需要高校思想政治教育工作者发挥调控力。高校思想政治教育工作者必须加强话语的调控力，否则其话语权也会遇到不可避免的削弱冲击。

（三）新媒体"全天候即时互动"特性，降低了高校思想政治教育话语模式的吸引力

与传统高校思想政治教育以"灌输"为主的教育模式相比，新媒体所具有的"全天候即时互动"的特性，凸显了传统思想政治教育手段的乏力。新媒体的优势主要表现在：它能够随时随地发散潜移默化的影响，这是有限的思想政治教育教学难以企及的；它能够即时扩展互动内容的深度和广度，调动大学生的参与度，起到提升人性的作用，这是传统高校思想政治教育手段单一、方法简单的教育模式难以达到的。这些优势无疑调动了大学生的主体意识，从根本上改变了他们的认知方式，由此教育者依靠角色权威控制思想教育话语优势的景况也将不再。面对新媒体时代的新变化，高校思想政治教育工作者必须及时转变居高临下的角色和传统的教育方式，努力探索思想政治教育话语传播的新形式，否则其话语模式失去吸引力也将成为一种必然。

（四）新媒体"个性鲜活"特性，影响了高校思想政治教育话语的实效性

语境的严肃性、话语的规范性、语词的固定性、叙事的宏大性，是传统高校思想政治教育话语的几大特点。这种思想政治教育话语有其规范、严谨、逻辑性强等优点，但缺点是教育语言缺乏个性、审美特征和生活化。新媒体时代，网络话语的新鲜、新潮和新颖，深深地吸引着大学生们去模仿、使用且参与创造话语，他们的内心萌发出对传统思想政治教育话语的排斥、渐生出对教育者的反感。当前，在新媒体环境下，传统的高校思想政治教育中的"说教"方式遭遇传播瓶颈，思想政治教育工作者的工作陷入了信息不对称、交流不畅通的困境。一方面，一些教育者对于大学生个性特征鲜活、精神需求丰富、态度观点各异的网络表现出不赞成，或者难以适应，或者不以为然，更不能主动利用网络语言与大学生进行交流。另一方面，网络话语的迅速更新，使教育者的话语很难融入大学生所熟悉的文化语境，甚至可能与他们所认同的网络语言和文化心理产生激烈冲突。[①]这种情况发展下去，如果思想政治教育工作者不能有效地了解并利用网络语言，必然会造成其话语权在某种程度上的旁落，影响高校思想政治教育话语的实效性。

（五）新媒体"碎片化"特性，呼唤高校思想政治教育话语传播的组织方式更新

"碎片化"是新媒体时代信息生产、传播的一个典型特征。它的主要表现是：在"时间就是金钱""时间就是生命"的理念作用下，人们应用新媒体的时间越来越零碎，高频率、短时间即可成为互动的常态；

①商懿秀，肖新发.论网络环境下高校思想政治教育话语权的主体及其变化[J].湖北第二师范学院学报，2011，28(07)：60-63.

随之人们对信息的关注与需求越来越发散，逐渐形成了志趣相投的或者利害相关的"小众部落"。所谓"小众部落"是指有相同爱好的人的聚合圈子。在"小众部落"的圈子中，人们不仅能够找到共同关注的热点话题，更重要的是还能够找到有着共同话语的伙伴，大家自由交流、宣泄情绪，成为网络知音。高校思想政治教育工作者必须适应这种变化，主动融入大学生的新媒体世界，成为他们的"粉丝""好友"，才有可能了解和掌握大学生的即时动态，进而为在新媒体环境下传播思想政治教育话语奠定基础。

三、新媒体时代高校思想政治教育话语权的转移成因

新媒体时代，高校思想政治教育话语权的转移是客观存在的现象，究其原因主要是：

（一）从话语传播形式上来说，滞后于思想政治教育的发展和要求

现阶段，高校思想政治教育话语并没有完全突破原有的形式，尤其是理论课话语体系的主体依然是政治话语、文件话语、权力话语等，甚至从教材上呈现的文本到教师课堂讲授的语言都是用以上对下的姿态来传达党和国家对受教者的要求和规定的。随着新媒体时代的到来，作为教育者和受教育者的话语传播形式、传统交往关系已经发生了深刻变化。这种变化主要体现在：随着话语的传播和获得表现出极大的开放性，人际交往呈现多元性，每一个人既是话语的传播者又是话语的接受者，尤其是独立意识、民主意识、自我意识明显增强，他们在更大程度上具备了改变自我从属地位的现状，力图在更大范围上获得更多的话语权。但在实践中，一些高校思想政治教育工作者仍然固守传统的"传—受"关系，把大学生单纯视为一个被动的话语接受者和行动者，从而忽视了他们的平等主体和自我建构，甚至于作为平等参与主体的权利和机

会。由于话语传播形式远远滞后于思想政治教育的发展和要求，导致思想政治教育话语出现断裂乃至失效，使高校思想政治教育难以取得预期效果。

（二）从话语传播内容上来说，疏离于大学生的生活世界

以互联网为代表的新媒体已经影响并且深刻地改变着我们的现实生活，创造了一个新的空间——"虚拟空间"或"虚拟世界"。在观念变化、人际变化和现实社会感知变化上，虚拟空间已经介入到人们的常态生活之中，而随着新兴媒体技术的不断进步，虚拟空间与现实空间的互动性不断增强，相互作用、相互影响。信息传递与现实行动间的时间差急剧缩短。今天，新媒体的触角几乎已经伸到了世界的每一个角落，信息在网上的流通已经不再受到时间和空间的限制。新媒体技术带给了大学生较之传统社会更为丰富的生活资讯，带来了巨大的便捷，任何地方的信息，都可以使用网络以最快的速度获得并进行分析整理，从而做出对自己有利的选择；新媒体技术帮助大学生更为快捷地掌握了生活技能和对各种难点问题的分解，新媒体已深深地扎根在大学生的生活世界之中。然而，反观高校思想政治教育话语内容传播的现状：或者注重方向性，缺乏时代性、层次性和生动性；或者有意规避现实生活中有争议的热点和难点问题，由此导致受教育者在社会生活现实价值冲突面前无所适从，引发对思想政治教育话语的质疑。尽管多年来我们一再强调要理论联系实际，加强社会实践活动，但由于我们的高校教学是从"理论世界"出发来观照生活世界而不是相反，所以很难使大学生对思想政治教育话语内容传播入脑、入心。由于高校思想政治教育话语传播存在过度理想化和过度封闭化倾向，造成思想政治教育内容与生活世界的高度隔离，无法与大学生的生活世界发生联系，学校对大学生生活世界中的公共话题不掌握话语权或者缺乏有效介入，致使大学生陷入了面对课程文本无言可说，面对有话可言的现实生活

却又无处可发的"失语"困境。①

（三）从话语传播视域上来说：主客体之间话语共识域缺乏

新媒体时代，由于高校思想政治教育工作者一时难以适应话语传播的新视域，因此往往出现教育者和受教育者集体失语的状态。从教育者的角度来看，出现了三种场域：一是一些高校思想政治教育工作者习惯于用极其刻板、封闭的教学方式传播思想政治教育话语，用严厉、高压的手段控制着大学生的言行，完全成为大学生心目中的"他者"而非可以交心的朋友，从而消解了大学生的表达欲望与探索批判精神。二是一些高校思想政治教育工作者以为自己就是政府与社会的代言人，而代言人的角色决定了他们将自己的话语自觉地隐藏或限制在制度许可的界限内，成了行政话语运用和实现的工具。三是一些高校思想政治教育工作者不善于用通俗易懂的语言传播思想政治教育内容，他们所传播的与生活世界相隔离的话语，只能使自己沦为自己的"他者"，使自己由一个思想政治教育话语传播的"在场者"变成"缺席者"。高校思想政治教育工作者的话语权就是在这三种场域中被虚化乃至消解。②从受教育者的角度来看，在思想政治教育过程中，或者他们对思想政治教育的话语内容兴趣不大、冷漠，以致抵触；或者他们的话语空间会受到特定的情境、内容和方式的限制，最终处于失语和缺席状态。由于主客体之间话语共识域的缺乏，教育者和受教育者都陷入了"无我"言说的境地。

（四）从话语传播手段上来说，理性话语结构失衡

从本质意义上来说，在高校思想政治教育过程中，教育者和受教育者之

---

①邵献平，徐婧怡.新时代思想政治教育话语权构建探析[J].吉林师范大学学报（人文社会科学版），2022，50(06)：101-109.

②陈飞.道德教育话语权探析[J].现代大学教育，2009(01)：82-86.

间是民主交往关系，但由于工具理性的扩张与宰制，造成了在思想政治教育领域中理性话语结构的失衡。所谓工具理性，是指人们排除价值判断或立足价值中立，以能够计算和预测后果为条件来实现目的的能力，或是为达到一个明确的目的考虑和使用一切最有效的手段所体现的特质。工具理性所造成的理性话语结构失衡，主要表现在两个方面：一是思想政治教育交往实践在很大程度上撇开了思想政治教育主体之间的交往关系，使思想政治教育话语传播单一化，将思想政治教育本真存在的"主—主"关系介入"主—客"关系，导致了教育者和受教育者之间的关系异化为权威服从关系。二是由于理性话语内在结构的失衡，使得作为独立人格的受教育者对于思想政治教育文本和自身道德行为进行理解、表达、解释和反思的权限受到漠视，加剧了思想政治教育者话语权的垄断和受教育者话语权的缺失。[①]

在新媒体时代，思想政治教育话语传播的格局已经发生了重大变化。与传统话语相比，网络语言与传统的交往话语有着较大的不同，大学生们崇尚自由、开放的网络环境，习惯于在新媒体语境中对话、思考、寻求自我精神的提升。但是，有些思想政治教育工作者并没有及时地了解大学生的这一特点，甚至有的教育者故步自封，刻意回避新媒体所带来的这一新的变化。在这种情况下，高校思想政治教育话语场域如果放任工具理性的无限扩张显然是不合时宜的，其结果势必在教育双方之间形成理解差异，不仅思想政治教育的价值取向无法彰显，而且丧失思想政治教育话语权也成为一种必然。

（五）从话语传播趋势上来说，思想政治教育主导话语权受到解构威胁

新媒体时代，以往那种在相对封闭条件下形成的一元化意识形态控

---

① 邵献平，徐婧怡.新时代思想政治教育话语权构建探析[J].吉林师范大学学报（人文社会科学版），2022，50(06)：101-109.

制的主文化"话语优势"受到多元文化的冲击，从而造成高校思想政治教育主导话语权的解构。这种主导话语权的解构威胁，主要指向三个方面的挑战：

1.主导话语的权威受到挑战

近年来社会中尤其是网上流行的对传统的、经典的、权威的话语或文本的任意拆解和"恶搞"现象，从某种意义上可以说是一些大学生对主导话语权威的一种反叛和挑战。例如发型、服饰、流行语、网络语言等象征符号，不仅成为大学生获得身份认同的标志，而且透露出一种"个性化"的文化意蕴。在这种文化氛围中，大学生们相互影响，容易形成共识，以至在"集体无意识反抗"的作用下产生对主导话语权威的拒斥或反抗心态，使教育中的沟通出现心理上的隔阂。

2.主导话语的价值受到消解

高校思想政治教育的主导话语所传输的内容，本质上是一种社会主义文化要求的"规范的规则"或"游戏规则"，它有利于帮助大学生形成一种"做人"或"为人"的规范，有利于帮助他们确立正确的世界观、人生观、价值观、法律观和道德观。但是这些年来，一些大学生对主导话语价值表现出消解倾向，加上大众传媒有意无意地抵消了主导话语价值，推波助澜地迎合了青年文化的反叛性，促使青年文化走向世俗化甚至庸俗化，加速了高校思想政治教育主导话语价值的消解。

3.主导话语的教化方式受到抗拒

从文化传播的视角来看，高校思想政治教育话语也属于一种文化传承的教化方式。这种文化传承的形式，主要是通过长辈和老师的言传身教来实现的。新媒体时代，由于实现了信息在全社会、全球共享，因此青年在一定程度上有可能"绕过"成人权威，自主接受文化传承。正是凭借着新媒体技术，年轻一代逐步成为文化变革和创新的主体，从而在文化创造中获得成人社会的认同与新的权威，使文化传承出现长辈、老师向晚辈、学生学习的方式。因此，面临当前复杂的信息化、网络化的社会环境，我们既要尊重青年文化所形成的双向式、参与式和主动式的新社会化方式，又要努力去改变主导话语权落后的教化方式，在教育中建立一种新的为受教育者所接受的、体现其学习的主体地位和自主学习方式的话语模式。否则，就必然会遭到青年文化的抗拒。

（六）从话语传播者自身上来说，应用新媒体技术能力欠缺

新媒体时代对高校思想政治教育工作者的媒体素养提出了高要求，可以说若不具备新媒体操作能力和控制能力，就无法占领新媒体思想政治教育的阵地；若不会善于利用网络发布思想政治教育信息和控制网络上的有害信息，就无法向大学生传播正确的思想政治教育话语。而现实情况是，一些高校思想政治教育工作者由于缺乏应用新媒体技术开展思想政治教育的自觉和能力，再加上有的教育者往往受到年龄、精力与固有思维模式的影响，在信息占有上甚至不及教育对象，以至于限制了自身话语的威信。面临这种情况，高校思想政治教育工作者如不主动适应形势、化解矛盾，不仅会弱化思想政治教育的效率，进而还会弱化思想政治教育工作者的话语权。

第三节　新媒体时代高校思想政治教育话语体系创新

一、培养新型的话语主体

"思想政治教育话语主体是思想政治教育话语实践中有能动作用的人，既包括思想政治教育者也包括思想政治教育对象。"[①]话语主体是思

[①]梁庆婷.新媒体语境下思想政治教育话语体系建构研究[M].徐州：中国矿业大学出版社，2017：176.

想政治教育话语体系建构中最活跃、最关键的因素，新媒体语境下思想政治教育话语主体的培养也是最必要的条件和最为关键的环节。

（一）提高施教者的基本素养

在高校思想政治教育工作或者活动中，施教者和受教育者是双主体，但起主导作用、处于引领地位的是施教者，也是思想政治教育话语体系的主要建构者，思想政治教育工作者的基本素养决定着话语体系的质量和效能，新媒体语境下培养教育者的基本素养是提升话语水平的关键。

首先，提升思想政治教育工作者的政治素养。思想政治教育不同于其他学科教育，对于高校思想政治教育工作者，无论是思政课教师、党工团工作者，还是班级辅导员，政治素养都是最核心的素养。一要有坚定的政治立场，坚定中国共产党的领导，坚定人民立场，在大是大非面前立场坚定，旗帜鲜明；二要有坚定的理想信念，坚定共产主义信念，坚定马克思主义信仰；三要有极强的政治敏感性，海量的互联网信息往往鱼龙混杂，思想政治教育工作者要有辨别是非的能力，对照理论标准、对照价值标准、对照政策标准作出正确判断。

其次，提升思想政治教育工作者的理论水平。理论内容是话语体系的客体，话语是理论的外化，理论水平决定了话语体系的成效，因此要以强烈的忧患意识和使命担当，直面矛盾问题，透析发展趋势，坚持学生为本，适应对象化、差异化、大众化的特点，精准掌握需求侧，有针对性地进行供给侧改革，进行靶向"解读、解剖、解疑"，做到"精准滴灌"，为青年学生答疑释惑。

最后，提高思想政治教育工作者的媒介素养。新媒体深受青年学生喜爱，但对于思想政治教育工作者来说是机遇也是挑战。思想政治教育者队伍年龄差异较大，应用新兴媒体的能力显然赶不上新媒体发展的速度和大学生的需求。新时代思想政治教育者首先要打破传统观念，充分认识到媒介素养对自身发展和工作实践的重要性，自觉学习掌握新媒体技术，发挥其在获取信息、教育教学和学生交流方面的独特作用，成为主动、成熟、理性的新媒体应用者，拓展思想政治教育的广度和宽度，提升思想政治教育的温度。

（二）培养新型主体关系

在传统教学活动中，施教者和受教育者往往被当作主客体关系，教育倾向于单向灌输，存在着教育者的权威把控和受教育者的自由言说之间的矛盾，受教育者积极性得不到充分发挥，很大程度上抑制了受教育者的潜能，同时也影响教育效果。新媒体时代为受教育者参与教学活动创造了条件，也为解决控制权与言说权之间的矛盾提供了可能。传统媒体与互联网的融合促进了信息接收与传递的快速、便捷、全面、直观。"网络技术赋予的本质特征与人的主体性特征，使传统意义的教育者与受教育者之间的地位发生了根本性的变化，教育者不再完全地占有与支配受教育者，受教育者拥有与教育者同等的话语权，二者通过点击鼠标或者敲击键盘来畅所欲言，或对话交流，或对抗交锋，实现了思想政治教育话语主体之间的相对平等关系。"[①]因此，新媒体时代施教者与受教育者由主客体关系变成了双主体关系，改变了传统的思想政治教育模式。其一，思想政治教育话语环境优化。媒体的信息传递功能，将教育双方置于同样的信息场域中，在平等的环境下接受各种媒体信息，为教育活动的民主化提供了前提条件。其二，促进平等交流。互联网搭建了新的交流平台，教育者与受教育者可以通过QQ群、微信群等平等交流，极大程度上鼓励、刺激、启发了人的表现欲、表达欲、展示欲，满足受教育者对言说权的追求，将思想政治工作变成多方参与、多种意见融合、多种角度分析，强化思想政治教育

---

①梁庆婷.新媒体语境下思想政治教育话语体系建构研究[M].徐州：中国矿业大学出版社，2017：49-50.

工作或活动的民主化、人本化。其三，密切主体关系。新媒体与思想政治教育相结合，不仅搭建了平等交流的平台，也扭转了"一言堂"的教学模式。"蓝墨云""学习通""智慧树"等教学软件都可以实现课堂上的交流互动，以科技手段进行选人、抢答、记分等教育环节，提高学生上课的注意力，提升学习兴趣和参与教学的积极性，增强教学效果。近年来，各高校都加大了实践教学力度，教学形式也各有所长。

新媒体应用于思想政治教育，有利于解决思想政治教育工作或活动过程中言说权与控制权的矛盾，促进受教育者与施教者之间的良性互动。"微电影教学法"是一种新兴的思政课实践教学方法，以思想政治教育内容为中心，通过受教育者自身的感受和体悟，将中心思想以微电影形式展现出来，在拍摄和制作微电影的过程中，教师指导，学生操作，有的师生同为编剧、导演、演员，共同演绎思想政治教育内容，以声、光、电等新媒体形式讲述中国故事，在"学"与"做"的结合中传授理论、消化知识、强化认识，密切师生关系。

新型主体关系主要是提升思想政治教育双方的主体性，传统的思想政治教育方式中施教者占据绝对主体地位，传统思想政治教育面对的是信息交流较为落后的时代，信息获取较为缓慢的时代，网络技术和移动终端的限制导致了思想政治教育理论课程的开展只能凭借施教者向受教育者单向传递，而受教育者的主体性没有得到完全体现。通过对新时代高校思想政治教育工作或活动中的人进行实证调研发现，新时代思想政治教育教学双方都在不同程度上发生了观念转变，施教者希望更多的受教育者能够真正参与到思想政治教育工作或活动之中，一方面可以提升思想政治教育工作或活动的实效性，另一方面可以更好地拉近师生距离，营造积极、和谐、愉快的思想政治教育环境。反观受教育者的需求，新时代高校思想政治教育的受教育者是在网络环境下"成长"的一代，而且随着时代的发展，只要有一部手机就可以掌握全球资讯，思想政治教育内容同理，受教育者需要的不再是单纯灌输和背诵，而是更多的表现机会、更潮的交流方式、更新的教育内容。新时代高校思想政治教育的受教育者接收到的信息不再是单纯的施教者给予的内容，而是五花八门的信息巨浪，也就更加需要施教者提升自身能力，帮助受教育者甄别和筛选信息。此外，新时代国内国际环境复杂，世界发展速度飞快，每一秒钟都在发生巨变，施教者掌握的信息和自身的观点不一定能够解决受教育者面对的问题，或者说，施教者不再是教育过程的权威控制者，也会出现错误认识，也可能会从受教育者方面学习到有用知识。因此，新时代高校思想政治教育话语体系建构过程要提升思想政治教育双方的人本性，注重双重主体间的需求和矛盾，以矛盾为出发点，融合双方需求，营造良好的人文环境。

二、建构具有时代特色的话语客体

思想政治教育话语内容是思想政治教育话语体系的客体，具有广泛性和时代性，需要借助新媒体的信息接收和传播功能促进内容的创新。基础性的认识论和方法论是确定话语体系属性和类别的重要依据。紧密结合社会进步与时代发展产生的新理论、新思想、新概念、新内容则成为建构思想政治教育话语体系的重点对象。因此，新时代高校思想政治教育话语体系建构要通过新媒体了解社会舆论和受众的思想动态，借助新媒体整合思想政治教育话语资源，丰富话语内容。

（一）掌握话语之"因"

新媒体应用的广泛性、传播的快速性决定了其在信息传播中的重要作用。思想政治教育是针对人的对象性活动，了解人及人的心理需求是活动的前提和基础，网络流行语折射出的正是当代青年的心理需求。新时代社会主要矛盾的改变融入社会生活的方方面面，大学生有较为理性的认识，但生长在新世纪优渥环境中的大学生不善于历史地看问题，加之心理不成熟的特点，以及学业、就业、人际关系处理等方面的矛盾和问题，使他们会有种种焦虑、不安、不满等情绪，虚拟化的网络空间为青年提供了释放郁积情绪的空间、制造狂欢并获取快感的重要"广场"、畅所欲言的广阔平台、追求个性化的舞台，网络话语成为宣泄情感、获取娱乐快感、展现个性的重要方式。如：用"我爸是李刚""躲猫猫"表达对社会不公现象的愤怒不满；用"蓝瘦香菇"表达郁闷痛苦的心情；用"鸭梨山大"表达就业等压力；用"元芳，你怎么看"表达公众诉求和质疑；用"累觉不爱""友谊的小船说翻就翻"表达对情感失望的情绪；用"楼歪歪"表达对豆腐渣工程的不满；用"我妈是我妈"说明无法自证的清白；用"你妈喊你回家吃饭"反映难以名状的辛酸和对家庭温馨的渴望。随着自媒体的发展，网络流行语以其简洁性、幽默性、通俗性、现实性等特点日益成为深受青年人喜爱的一种独特的话语，也成为反映青年思想情绪和心理动态的晴雨表，教育工作者要注重跟踪网络动态，为思想政治教育提供第一手的资料。高校思想政治通过网络话语分析大学生心理动态，形成源于生活又直击大学生心灵的思想政治教育话语，提升思想政治教育的亲和力和实效性。

（二）整合话语资源

思想政治教育话语资源整合程度是关系话语体系建构的重点，新时代高校思想政治教育是在经济全球化、政治民主化、文化多元化、生活信息化的多元社会中进行的，既要与时代发展相适应，又要关注优秀思想政治教育资源的有限性。要注重增强大学生对思想政治教育的理论认同与情感认同，从而自觉地接受思想政治教育话语内容。"当认知认同和情感认同达到一定程度，大学生群体对思想政治教育话语能够从理解和赞同上升为支持和信奉，进而产生一种持续稳定的认同，并外化为一定的行为表现。这种行为认同是认知认同、情感认同的具体体现，也是更高层次的认同，是高校思想政治教育的最终旨归。"①以开放性、交互性、时效性为基本特征的新媒体为思想政治教育话语资源的整合提供了便利，创造了条件。

与时俱进是马克思主义的理论品格，思想政治教育话语体系也必须随着新媒体时代的到来进行理论总结和理论创新，应用新媒体整合思想政治教育话语资源，以传统与现代相结合的手段彰显思想政治教育的魅力，树立崭新观念，整合话语资源。首先，话语形式多样，有物质的也有精神的，有显性的也有隐性的，有可再生的也有不可再生的。利用新媒体特别是新媒体可有效地提高资源的开发利用率，运用新媒体将大量的红色文化资源、影视资源应用于思想政治教育教学，增强思想政治教育话语的感染力；各种各样的社会资源应用于思想政治教育；大量网络资源的应用，增强思想政治教育话语的鲜活性。可视资源、可感资源、可悟资源都可以通过新媒体转化为活灵活现的思想政治教育话语，丰富了话语内容来源，让大学生以直观的方式透过现象看本质，避免吃思想政治教育内容的"夹生饭"。其次，思想政治教育话语资源纵向包括中国传统文化资源、红色革命文化资源、中国特色社会主义文化资源，横向包括国内资源、国外资源，新媒体为学习借鉴国外资源创造了条件。再次，树立辩证观念，回应社会现实关切，做到理论联系实际，新媒体时代可采用接地气的话语来聚焦中国现实，回应中国问题；新媒体技术创造了丰富的话语资源，对网络流行语进行创造转化来适应青年大学生，将其有效转化成青年大学生认同接受的思想政治教育话语，让思想政治教育内化于心、外化于行；对中国传统话语资源和国外话语资源进行扬弃，通过新媒体转化为鲜活的思想政治教育话语，兼收并蓄，促进思想政治教育话语资源的良性循环。最后，树立效益观念，努力实现资

---

① 袁芳.思想政治教育话语创新的马克思主义审视[M].北京：中央编译出版社，2018：94.

源效益的最大化。新媒体技术提供各种先进的教学理念和教学资源，新媒体技术的载体能力和对资源的整合能力，使得思想政治教育话语体系构建由原来一元的政治话语转向政治话语、理论话语、青年话语、教学话语等多元维度的建设，确保思想政治教育目标的有效实现，促进思想政治教育教育资源增效。借助新媒体解决资源的丰富性与效能的有限性之间的矛盾，实现资源利用效能的最大化。

（三）丰富话语内容

新媒体的全程、全息、全员、全效媒体功能使之成为新时代人们获取信息的主要渠道，特别是在高校，互联网和各种移动终端的使用更为普遍，方便了大学生学习、生活，媒体的即时性也克服了高校思想政治教育中时间、空间的有限性，加速了话语多样化转变。

首先，丰富中国特色社会主义理论话语。新时代高校思想政治教育话语体系是具有现实解答力的理论话语体系，话语体系的内容首要的是马克思主义理论特别是中国特色社会主义理论话语，"马克思主义，尤其是中国化的马克思主义，不仅是思想政治教育的根本内容，而且是思想政治教育学的根本指导思想和理论基础。"[①]深入推进马克思主义中国化，关注中国发展，破解中国问题。大学生对我国建设与发展过程中的现象极为敏感与关心，媒体信息丰富着思想政治内容。但自媒体本身的特征也决定了媒体信息的良莠不齐，思想政治教育者应确立问题意识，关注社会问题，提高对媒体信息的研判、分析能力。

其次，积极转化中华优秀传统话语。古为今用，从传统文化中汲取理论营养，推动优秀传统文化的创造性转化，以打牢思想政治教育话语的文化根基。新媒体大力宣传道德教化论、人格修养论、价值涵养论、知行合

---

①陈万柏，张耀灿.思想政治教育学原理(第3版)[M].北京：高等教育出版社，2015：26.

一论，宣传中国革命中形成的包含革命精神、模范人物事迹等在内的红色文化。培育具有优秀品质、健康人格和责任担当的时代新人，以中华优秀传统文化滋养思想政治教育话语。

再次，培育社会主义核心价值理论话语。自党的十八大报告凝练出24字社会主义核心价值观，主流媒体进行全方位、多角度的诠释，各种媒体以不同的方式进行阐释，以音频、视频的方式使社会主义核心价值观教育生动化、生活化。社会主义核心价值观已深入人心，成为新时代多元文化的引领者。

最后，批判性地吸取生活话语。大学生是最容易接受新鲜事物的群体，也是最普遍使用流行语的群体，大量的流行语的出现与传统思想政治教育话语形成了不容忽视的话语差异，但也形成了新时代高校思想政治教育话语体系的有益补充。选择性吸收网络流行语，如"蛮拼的""撸起袖子加油干"等，得到了青年的广泛认同，快速占领了青年现实交往的语言领域，网络话语恰当地应用于思想政治教育过程，能够与学生同频共振，增强亲和力。

三、创新话语介体

推进新时代高校思想政治话语体系构建是在青年一代中筑牢思想防火墙的重要举措，必须渗透于青年一代学习成长发展的全方位全过程。这既需要体系本身具有科学的核心要义与缜密的内在逻辑，同时也必然要依靠外在的话语形式得以传播、推广、深入人心。话语通过何种形式得以传递信息和表达思想，有赖于多样的话语载体以及丰富的话语表达。

（一）丰富思想政治教育话语载体

话语是人与人交流交往的前提，亦是思想政治教育顺利开展的基本途径，而话语载体是联通话语内容和话语表达的桥梁。"媒介技术的每一次进步，都浸透着人类突破自身交流困境的渴望"①，话语载体的丰富和创新，无疑为话语表达创造了更多可能性，推动思想政治教育话语形式的推陈出新，进而为思想政治教育保驾护航。如今，全媒体将传统媒体与新媒体有效融合，形成了更全面、更广泛的媒体形式，提供了更多元、更便捷的话语载体，应用全媒体创新思想政治教育话语载体已成为可能。

一方面，巩固传统载体在思想政治教育方面的基础性地位。对于高校学生而言，传统的思想政治教育话语载体以教材、典籍等文本为主。信息化时代，新媒体得到越来越广泛的运用，传统载体易被忽视，特别是青年学生能够静心读书成为难得的美德，导致"快餐文化"盛行，学识理论肤浅，停留在表面，难于掌握理论特别是经典著作的真谛。传统载体具有专业化运作、内容剖析力度强、学术价值高等特点。话语体系是思想理论体系的外在表达，没有科学、坚实的理论作为基础，任何话语体系的构筑都如同纸房子，经不起风雨的敲打。因此，通过传统载体，特别是以文本形式承载话语内容在任何时代都是最基本的传播方式。习近平总书记指出："共产党人要把读马克思主义经典、悟马克思主义原理当作一种生活习惯、当作一种精神追求，用经典涵养正气、淬炼思想、升华境界、指导实践。"②在高校进行思想政治教育，首先要求受教育者读课本、读经典著作、看官方报纸杂志等，激励大学生多读原汁原味的作品，在品读中认真思考问题，在精读中把握理论的内涵，较大程度上减少个人主观因素的影响。

另一方面，发挥新媒体的思想政治教育话语载体作用。新媒体消解了信息发布者与接收者之间的边界，为受众带来更多的选择和信息服务，有

---

①梁庆婷.新媒体语境下思想政治教育话语体系建构研究[M].徐州：中国矿业大学出版社，2017：130.
②习近平.在纪念马克思诞辰200周年大会上的讲话[M]北京：人民出版社，2018：62.

跨越时空的特点。具体讲，一是运用新媒体带来的新形式积极传播思想政治教育话语内容，确保话语影响的广度和深度，提升学生的学习兴趣，保障思想政治教育内容入脑入心。新兴媒体较之传统媒体更具有生动形象、传播简单且范围广泛的优势，比如运用漫画传达教育内容，利用幽默、活泼的图画表情或字符表情承载话语内容，增强内容的吸引力，并打破了时空限制，思想政治教育不光局限于课本、课堂，真正达到全程、全员、全过程的"三全育人"效果。近年来，不仅是学校，国家机关、社会团体也会采用新媒体形式进行宣传引领，如：社会主义核心价值观公益广告的梦娃系列宣传、中国航天科技集团发布的"长征火箭十二侠"、充满中国元素的奥运会吉祥物，等等，还有很多活动会公开向社会征集卡通形象，这样的方式对青年学生具有较强的吸引力，既能提升关注度，也能提高宣传效率，一举多得。二是运用新媒体快速、便捷、精简的特性及时传播思想政治教育话语内容，确保受众第一时间接收到党和国家的方针政策，保障思想政治教育话语的时效性。思想政治教育需要紧贴时代发展、使命任务、世情国情党情，具有明显的时效性，新媒体下的视觉型载体传播速度快，传播方式简单，公众号、微博、微信等快速传播，在彰显时效性方面具有无可比拟的优势。传统视觉型载体和新型视觉型载体相互配合，各有优势，相得益彰。

（二）话语表达生活化、生动化、多样化

思想政治教育是关于人的实践性活动，不同于纯粹的理论研究，最终目的在于求实效，要充分体现时代性，用学术话语讲政治，用生活话语讲理论。话语表达坚持贴近实际、贴近生活、贴近群众，以话语表达生活化、生动化、多样化促进思想政治教育理论入耳、入脑、入心，让学生愿意听、听得进去、听了有效果。首先，思想政治教育要贴近生活，话语表达形式故事化。习近平总书记多次、多场合讲过讲好中国故

事，在刚果讲中国华侨冒险救刚果邻居的故事；在国内多个地方讲"半条被子""心中的鼓岭""贫困马克思写就《资本论》的故事"等，原汁原味的故事蕴含着深刻的道理。2017年10月9日，湖南卫视首播《社会主义有点"潮"》，以故事的方式讲述了以习近平同志为核心的党中央治国理政的新思想，深受观众好评；为纪念马克思诞辰200周年而推出的5集通俗理论对话节目《马克思是对的》，以讲故事的方式展现了革命导师马克思光辉的一生，再现了170多年来仍在熠熠闪光的"真理的力量"，在社会上也引起了广泛的关注和热议。思想政治教育也要善于用故事讲道理，毛泽东动情掉泪的故事表现了一代伟人的爱民情怀，在延安种地的故事展现伟大领袖的劳动本色；"三落三起"的人生经历讲述邓小平开阔的胸襟和不屈不挠、无畏的担当精神；处理和邓小平有特殊关系的舅舅后事时，邓小平给广安县委的三句原话"知道了""规格够高了""不再送什么了"，充分表明了一个老共产党员无私的品格、高尚的情怀。种种故事找准小切口，表现大立意，以故事形式呈现深刻道理，达到思想政治教育目的。其次，思想政治教育要贴近实际，话语表达方式生动。关注社会热点，贴近学生需要，了解学生所关注的话题，幽默、生动的话语表达，增强语言的感染力。习近平总书记常用一些接地气、生动形象的语言表明内涵和观点，充满凝聚力、说服力、感染力。如用"缺钙""软骨病"来比喻理想信念的缺失。习近平总书记还善于旁征博引，用三首诗词中的句子，譬喻中华寻梦的三重境界：中华民族的昨天，可以说是"雄关漫道真如铁"；中华民族的今天，正可谓"人间正道是沧桑"；而中华民族的明天，可以说是"长风破浪会有时"。生动形象地描述了中华民族摸索的昨天、奋斗的今天、辉煌的明天，鼓励中华儿女不忘历史，珍惜现在，共同创造美好未来。最后，思想政治教育要贴近群众，话语表达方式多样化。毛泽东同志在《反对党八股》一文中强调："当你写东西或讲话的时候，始终要想到使每个普通工人都懂得，都相信你的号召，都决心跟着你走。"①建构新时代高校思想政治教育话语体系就是要让青年学生"听得懂、相信你、跟你走"，以课堂教学为基础，以马克思主义理论体系为基本框架，贴近大学生的特点和需求，在运用学术话语讲政治的基础上，探索多样化的话语表达形式。一是图片、影视话语表达。为建国建党等重要节日献礼的《建党伟业》《建军大业》《我和我的祖国》，体现中国精神、中国担当的《战狼》系列、《红海行动》《湄公河行动》，传递正能量、传播正确价值观的《中国机长》《烈火英雄》，讴歌改革开放的《我和我的家乡》，等等，都是以电影为载体向全社会传递社会主义核心价值观，为中国人民正思想、树价值、立志向，是思想政治教育话语体系的重要组成部分。二是大数据的应用表达。互联网时代，大数据为各行各业工作提供了便利，也为思想政治教育提供了依据。中国GDP排名、居民消费指数、健康指数、脱贫情况统计等，大量的数字、图表让思想政治教育言之有物，更有说服力，一个精准的数字胜过万千语言描述。三是青年话语表达。新时代高校思想政治教育面对的多为00后学生，虽然年龄不可逆转，"代差"不可消失，但思想政治教育者要跟上时代发展的步伐，让自己变得年轻，避免"代沟"。四是批判性的话语表达。思想政治教育话语既有"立"也有"破"，要传播马克思主义理论、传播社会主义核心价值观，同时也要同非马克思主义划清界限，要同腐朽、错误的价值观作斗争。思想政治教育者要有敏锐的洞察力，对于错误思潮要敢于亮剑、敢于发声、敢于批判和斗争，维护马克思主义的指导地位，维护主流意识形态。

"思想政治教育者应该努力做到不唯上、不唯书、只唯实。"②新时代高校思想政治教育话语体系建构过程是思想政治教育话语形式创新的过程，新媒体是推动这种创新的有利工具。时代不断发展，创新永无止境。

---

①毛泽东选集（第3卷）[M].北京：人民出版社，1993：843.
②陈万柏，张耀灿.思想政治教育学原理（第3版）[M].北京：高等教育出版社，2015：26.

（三）拓展话语空间

新媒体拓展了人们生活的广度和宽度，同样也拓展了思想政治教育的话语空间。新时代高校思想政治教育话语场域较过去更为复杂，新媒体搭载的海量信息正在不断丰富和扩充思想政治教育话语内容，新矛盾、新主体、新技术等元素不断改变着思想政治教育话语体系内部的要素构成及要素间的关系。因此，多维度、多角度、多层面地呈现话语内容，拓宽话语空间让受众理解理论的真谛，扩大科学理论的影响力是话语体系建构的重点要求。话语环境是影响话语表达的重要因素，一句话或者一个词语在不同的话语环境之下会有所差异，例如"你看看表几点了？"的字面直观理解为一方想向另一方询问时间，但是如果放在不同语境之下，就会被语境赋予更加丰富的含义。如当深夜未归的人接到家人打来的电话时，"你看看表几点了？"这样一句话就不再带有向对方询问时间的意图，而是被赋予了家人担心、催促回家、埋怨责备等含义。因此，对于理论的真理性、客观性、科学性的说明和价值观的传播，需要从更加贴近群众、贴近生活的角度出发，融合新媒体技术拓宽话语空间，建构具有时代特色的高校思想政治教育话语体系，以更加多元化的领域、多维度和多角度的分析去阐释思想政治教育话语内容。

首先，延展话语长度。历史是最好的教科书，上下五千年的中华文明积淀了灿烂的文化，中华优秀传统文化是思想政治教育的重要内容之一。马克思主义为什么行？中国共产党为什么能？中国特色社会主义为什么好？一系列根本问题的认识需要按照历史逻辑寻根溯源。新媒体可以立体、直观的方式全景、全程展现中国发展的历史和现状，在整合历史资源方面具有无可比拟的独特优势。中华儿女的智慧与创造、中国共产党的成长壮大、中国特色社会主义的探索与发展、马克思主义的传播与创新等都强化了思想政治教育话语的解释能力。展望未来，大数据呈现着中国发展的五年计划、十年规划、实现中华民族伟大复兴的中国梦的时间表和路线图，客观的分析、科学的规划，在回顾历史中坚定信念，在展望未来中增强信心，新媒体让历史情景再现，将未来蓝图描绘，延展了思想政治教育话语的时间长度，也增强了新时代思想政治教育的魅力。其次，拓宽话语广度。应用新媒体拓宽思想政治教育话语广度体现在两个方面。一方面，拓展了思想政治教育学科覆盖范围和涉及领域。传统的思想政治教育由于教学方法相对单一，通常被视为理论说教，甚至于空洞、乏味，制约了思想政治教育效果。新媒体促进了思想政治教育理论与实践的结合，大量的数字、图片、视频展示着社会发展的成果、存在的问题，海量的网络信息提供了大量的教育资源，学生从各个途径了解社会现实问题、社会热点问题，以各种方式接受思想教育、政治教育、社会主义核心价值观教育、道德教育、法治教育，使思想政治教育不再囿于书本教材，言说主体的增加、话语资源的多样性弥补了教材内容的不足，解决了时空有限性和知识无限性之间的矛盾，生动形象的多媒体教学也在一定程度上促进了思想政治教育供给侧改革，实现了思想政治教育教材内外融通、课堂内外融通、校园内外融通，极大地拓展了教育领域和途径。另一方面，思想政治教育也不再囿于思想政治教育学科本身，拓展到了各个学科、各个领域。高校教师以立德树人为使命，思想政治教育本是每个人的"必修课"，但一直以来，高校思想政治教育都被认为是思政课教师、辅导员、党工团的工作，与专业课教师无关。新媒体的信息传播作用特别是自媒体的广泛应用，使每个人都成为"播音员"和"记者"，成为党的大政方针的传播者，素质和能力在不断提升；同时，大量的媒体信息、网络资源促进了思想政治教育和专业课程结合，"课程思政"落地生花，思想政治教育也成为高校师生人人参与、人人接受的实践活动。最后，提升话语高度。长期以来，高校思政课作为一门公共课较之专业课处于被冷落的状态，其他思想政治工作因其"软考核"特点同样不被重视，学生学习思政课态度敷衍，满足于"不挂科"，学习效果较差。随着党和国家对高校思想政治教育重视程度的提高，特别是习近平总书记在哲学社会科学工作座谈会上的讲话、在学校思想政治理论课教师座谈会上的重要讲话发表后，高校思想政治教育教学改革进入全新阶段，新媒体大力助推，为思政课教学改革带来了新的机遇，教学效果大为改观。一是端正并提高了人们的认识，增强了"我们办中国特色社会主义教育，就是要理直气壮开好思政课，用新时代中国特色社会主义思想铸魂育人……思政课作用不可替代，思政课教师队伍责任重大"①的意识。二是提高对思想政治教育内容的认识。高校学生还没有走出校门，极少接触社会，对于思想政治教育的相关内容理解有难度，仅靠有限的思政课往往满足不了学生对社会问题的认识和理解，新媒体的海量信息弥补了思政课时空的有限性，特别是一些专家解读提升了理论的高度，让学生在了解基本理论的基础上深化认识和理解，也提高了思想政治教育工作者的话语水平。

新媒体具有超强的信息搭载能力、传播能力、资源整合能力，立体化地提升了思想政治教育话语客体的内涵和外延，使新时代的思想政治教育整体性、系统性更强，思想政治教育话语更富有张力。

四、优化话语环境

思想政治教育话语环境(以下简称"语境")包括情境语境、校园环境、社会氛围、世界环境、家庭环境等。马克思认为："人创造环境，同样，环境也创造人。"②语境是关系思想政治教育话语效能的重要条件，新媒体时代为优化思想政治教育话语语境提供了技术条件。

---

① 习近平谈治国理政（第3卷）[M].北京：外文出版社，2020：329.
② 马克思恩格斯选集（第1卷）[M].北京：人民出版社，2012：172-173.

（一）创设生动活泼的课堂情境

课堂是思想政治教育最主要的阵地，在生动活泼的情景语境中学政治，容易使学生置身于特定的背景下，增进对内容的理解，调动学生学习的积极性。习近平总书记在学校思想政治理论课教师座谈会上的讲话中谈到，自己的一位中学老师在讲到焦裕禄事迹时数度哽咽，成为习近平总书记一生难忘的记忆。教师的言行、表情以及肢体语言都是课堂情境的要素，会直接影响话语表达的效果。

这里有两个实际的例子。

一次思政课上，老师讲到改革开放时，几位同学准备了具有年代感的道具，生动演绎了当年18户农民在"大包干"契约上摁下鲜红手印的过程，再现了小岗人敢于"蹚新路"的精神，十年之后，当时课堂的情形同学们仍然记忆犹新。

另有一次，思政课老师以自己的亲身经历讲述孝道问题，提出"孝敬老人刻不容缓"，很多同学流下了眼泪。课堂情境可能是物化的，也可能是非物质的，可以简单，也可以复杂。新年了，教室里挂上气球可能会让学生倍感温馨，老师一句温暖的鼓励可能会让学生铭记终生。

课堂情境包括教室里为话语服务的客观环境，也包括课堂上的每一个人、每一个动作、表情、语言，同时也是话语本身。大学生是应用新媒体最为广泛的群体，新媒体为创设生动活泼的课堂情境提供了条件。一方面，可以创设活动背景，实现历史联系现实、理论联系实际，使单纯的话语表达变得更鲜活、更生动；另一方面，学习通、智慧树、蓝墨云等教学软件都能被用于课堂上的抢答、讨论等，活跃课堂气氛，教育效果更加明显。

（二）营造健康雅正的校园语境

校园是学生主要的学习、生活场所，校园中的一草一木都会对学生产生潜移默化的影响。新媒体时代，"微载体"内容多种多样，在日常学习生活中，大学生群体热衷于网络BBS、论坛、百度贴吧、QQ 群等互动平台参与社会热点问题的讨论，但网络主体的多元化加之大学生的心理特点，极易出现偏激的观点和行为，既影响学生正确认知，又会影响学生健康成长。高校要全媒体融合，将传统的样刊、报纸、杂志与官方微博、微信等新媒体相结合，综合运用各种传播形式加强正向引领，营造健康向上的校园文化，发挥文化育人的功能，让校园文化在"微传播"语境中更富有人文气息，寓科学理论、完美人格、高尚道德、主流价值观等于校园文化之中，通过健康语境的渲染，通过世界观、人生观、价值观的引领，让学生置身其中，不沉迷于五花八门的"微传播"，始终拥有端正的作风，保持清醒的头脑，有益于塑造健康心理和健全的人格。同时，高校要促进文化活动与新媒体融合，比如，比赛、晚会等大型活动通过网络视频、微信等推送，通过现场直播、视频转播、线上线下投票等，可以调动学生参与的积极性。在学生中可以进行"随手拍"视频比赛、种类典型风采评比等活动，发挥新媒体传递正能量，消弭"亚文化"，抵御商品化、娱乐化的作用。

（三）营造积极向上的社会语境

社会文化语境指与交际活动密切相关的社会、文化等因素构成的语境。社会文化语境因素主要有：社会特点、地域风貌、政治制度、经济情况等；文化心态、人文特征、文化活动、文化积淀；时代特点、历史背景、历史沿革、发展趋势；民族特征、民族风俗、民族习惯、民族交往等。我国正处于社会转型期，社会阶层的多样化和利益诉求的多元化将是一个长期的过程。社会思潮、价值取向、思想观念也呈现多样化特点，舆论导向至关重要。报刊、广播、电视等传统媒体在方向性、科学性、深刻性方面具有决定性的优势，推动营造和谐向上的社会语境。

第一，唱响主旋律，推动媒体融合加强社会主义核心价值观宣传，充分发挥文字、图片、音频、视频等手段的优势，有机整合社会主义核心价值观内容，使社会主义核心价值观引领主流意识形态。第二，应用新媒体大力宣传典型人物、典型事件，宣传大国工匠、道德模范、"感动中国"人物等，发挥榜样示范作用，以榜样的力量引领社会风尚。第三，对不良网络文化现象加强治理。互联网的调整发展丰富了社会文化，但也滋生了污染社会文化氛围的信息，要加强技术规制，加强相关法律法规建设，加强网络监管，构建抵制网络不良信息的防火墙，净化网络空间。

"从本质上说，新媒体是人本质力量的对象化，是一种社会存在。人们的各种思想观念与价值取向不能脱离新媒体语境而凭空出现与独立发展，而是必然与新媒体现实语境发生千丝万缕的联系，甚至从根本上是由新媒体语境中的政治、经济、文化发展状况所决定的。"[1]新时代的高校开放性强，高校学生与社会融合度高，高校思想政治教育效果与社会环境影响的关联度也越来越大，让互联网这个最大变量变成传递正能量的最大增量，主流声音在社会之中越强劲，高校思想政治教育话语语境也就会得到最大的优化。

（四）优化开放包容的对外语境

一个政党、一个国家的国际话语权体现和反映其在世界上的影响力和号召力。近年来，中国日益走向世界舞台的中央，国际话语权在增强，为优化思想政治教育的对外语境创造了客观条件。但西方主导的话语环境

---

[1]梁庆婷.新媒体语境下思想政治教育话语体系建构研究[M].徐州：中国矿业大学出版社，2017：101.

依然没有改变，很多国家眼中的中国形象依然是西方话语描述的图像，不仅影响中国的国际形象，也影响国人的自尊与自信。话语权问题是对外话语的重点，积极探寻中国话语在世界舞台之上的主导权，借助新媒体优化话语环境是增强话语权的前提条件，向世界讲述中国故事、展现中国智慧与中国方案，积极发出中国声音，是赢得话语权的重要路径。西方极力标榜的民主、自由、人权等所谓的"普世价值"也造成一些人在思想上的混乱。互联网覆盖面广、传播速度快，是西方话语传播的平台，也是中国用以明辨是非的平台，借助互联网阐明中国观点，传播中国价值，贡献中国智慧、中国力量，推动中国哲学社会科学走出国门，进而维护中国形象，提升中国话语权。新时代的高校面向世界、面向未来，新时代的高校学生有实现中华民族伟大复兴的使命感，同样也有谋世界大同的责任感。开放包容的对外话语环境对于培养具有国际视野的时代新人和建构具有时代特质、面向未来、面向世界的中国特色话语体系都具有十分重要的意义。

（五）打造绿色活跃的网络语境

随着互联网技术的发展与移动终端的普及，网络语境成为思想政治教育话语应用的重要语境之一，特别是思想政治教育受教育者对网络的使用频率激增，新时代高校思想政治教育必须要重视网络语境带来的影响，从而有针对性地做出回应。

网络没有牢固的时空限制，突破了人的行动与认知局限，任何人都可以通过网络得到自身想要得到的信息。网络推动了全球化进程，使网络交往具备了极强的广泛性、普遍性、便捷性和无限性，同时也产生了诸多的网络习惯、网络用语、网络文化等，由于网络的数字化、信息化等特征，网络语境同现实语境产生诸多的不同点，网络语境具有形式多样、交际自由、虚拟交往、全球交流等特征，任何一部能够接入互联网的电子设备都能够让人快速地融入网络语境之中。但由于网络的隐蔽性和海量信息的杂糅也导致部分网络信息不适宜应用到思想政治教育工作或活动之中，需要施教者作出筛查和选择。新时代高校思想政治教育话语体系立足新时代，必须乘坐网络发展的快车丰富和完善自身，以网络语境的融入提升新时代高校思想政治教育的传播能力、亲和力、感染力和实效性。

新时代高校思想政治教育话语体系建构有意打造绿色活跃的网络语境，网络信息"色彩斑斓"，但并不是每一种"颜色"的信息都能够应用到思想政治教育工作或活动之中。如用"红色"代表恶意诋毁党和国家的，带有敌对、诬陷的网络信息。新时代我们国家发展迅速，西方敌对势力对中国的敌意也更加突出，针对中国的不实言论和恶意诋毁层出不穷，不怀好意的敌对势力通过网络大肆传播其捏造的关于中国的谣言，导致绝大多数青年学生不能正确地认知中国，反而被网络上的"红色"信息带入歧途。新时代高校思想政治教育营造的网络语境首先要针对这种"红色"信息作出否定，要像看到红灯一样及时做出行动，坚守底线，要以科学的理论和充分的实证论述驳斥一切关于中国的谎言，牢固树立中国共产党的权威地位，保证受教育者形成正确认识，提升受教育者维护党和国家的能力。用"黄色"代表色情、淫秽信息。绝大多数高校思想政治教育受教育者刚刚成年，面对未知的社会既充满好奇又缺乏判断能力，"黄色"网络信息会严重影响广泛受教育者的身心健康，一方面影响其思想、判断能力、认知能力、价值观形成等精神层面的正常发展，另一方面影响其身体健康。新时代高校思想政治教育工作要及时剔除"黄色"信息，推动受教育者身体和心灵的健康发展。用"黑色"代表暴力、违法、犯罪等网络信息。新时代高校思想政治教育话语体系建构旨在完成"立德树人"的根本任务，要在理论教育的同时完成对受教育者的品德教育和人性教育，要帮助受教育者形成正确的思想思维能力和判断能力，牢固树立生命至上、法律至上的观念，避免受教育者走向违法犯罪的道路。用"绿色"代表有利于受教育者发展的有益信息，新时代高校思想政治教育话语体系建构所创造的网络语境应该是也必须是绿色的话语环境，要突出信息的有益性，真正将网络语境打造成为适宜受教育者发展的话语环境，彰显网络对人的发展的推动力，坚决抵制"红色""黄色""黑色"等不良信息，进一步推动思想政治教育话语体系建构的实效性。

充分利用网络语境带来的活跃气氛，积极打造信息化、科技化的教育空间，通过互联网的引入不断促进思想政治教育内容的丰富和媒体应用的创新。新时代高校思想政治教育工作或活动面对的受教育者群体普遍是生活在信息时代的青年学生，由于人群的特性和时代的发展，新时代的思想政治教育受教育者更加倾向网络化、科技化、趣味化的教育模式。因此在建构新时代高校思想政治教育话语体系时要注重教育的活跃性，增加网络互动环节，突出热点实事和网络热题，增强思想政治教育的活跃性，从而提升思想政治教育实效性，保证思想政治教育能够达到预期的目的。

（六）建构温馨和谐的家庭语境

中华民族素有"礼仪之邦"之称，向来重视家教。家庭是最小的社会生活单位，以血缘为基础，以亲情关系为纽带，是一个人成长的摇篮。父母是一个人结识最早、影响力最大、陪伴最久的老师，特别是通过父母对子女的家庭教育，能促使形成人最早的思想思维方式和价值判断能力，家风家训和家庭价值观念也是对一个人最深刻、最长久的影响因素。中华民族传统家庭美德是支撑中华民族生生不息、薪火相传的重要精神力量。新时代高校思想政治教育话语体系建构是思想政治教育发展和思想政治工作开展的理论与实践创新，温馨和谐的家庭语境在思想政治教育之中的重要作用，是新时代思想政治教育不可缺少的重要因素。

家风是家族发展过程中凝聚、总结的持家之道和家庭成员们立身处世的思想精粹，家风育人是思想政治教育的途径之一，家风是一个家庭的"意识形态"，浸透于家庭成员的价值观念中。我国是个传统的伦理社会，社会道德要求与家庭价值理念联结为家风，家风也融合在中华民族精神中，在日常交往中成为社会风气的重要组成部分。家风育人是思想政治教育的途径之一，是真正的启蒙教育，不仅影响一个人的个性、品行，也影响一个人的思维方式、价值判断。家风反映的是社会中占统治地位的思想、政治、道德的要求，可以说家风就是思想政治教育的家庭化、生活化。因此，充分发挥家风育人功能，对高校思想政治教育有重要作用。家规家训广义上也是家风的内容之一，狭义上是形成良好家风的规范和保障，起到教育培育、规制规范、警示预防、修身齐家的作用。归根结底，家规家训是一个家庭内部的道德品行要求，是约束家庭成员行为和鼓励家庭成员发展的重要力量。

作为礼仪之邦的中华民族传统文化中，家规家训不胜枚举。家规家训普遍具有如下特征：以孝敬父母长辈、关爱兄弟姐妹等为主要内容的亲情规范；以宽人严己、正心诚意、谨言慎行等为主要内容的人性要求；以义在利先、倡导公益、睦邻友好等为主要内容的社会规则；以艰苦奋斗、勤俭节约、遵纪守法为主要内容的行为规范；以敏而好学、研读诗书、报效国家为主要内容的目标要求；等等。优良的家风家训是对贯穿一个人一生的人性的塑造和培养，那么价值理念是形成优良家风的内在驱动力，高尚的价值理念促进形成正确的人生观、价值观，促进优良家风的培育和家训的形成，对人的思想、行为、活动起到引领作用。

"孝、悌、忠、信、礼、义、廉、耻"是中国传统价值理念，既是社会伦理也是家庭伦理，在规范家庭成员思想行为、孕育良好家风以及促进社会和谐稳定方面都发挥了极其重要的作用。中国传统价值理念与社会主义核心价值观同根同源，有着历史的传承关系，中国传统价值理念是社会主义核心价值观的文化根基和生长的土壤，离开中国传统文化，社会主义核心价值观就是无源之水，无本之木。新时代高校思想政治教育要利用中国传统文化，历史的局限性和时代的发展性必然要求我们对传统文化进行创造性改造和理念性升华，发挥它的时代价值，这是弘扬传统文化的科学态度和路径。孝、悌是中国传统家庭价值理念中最基本的要求，尊重长辈、孝顺父母、兄弟友爱，依然是新时代的家庭美德，但一改"父母在，不远游"的狭隘。"忠"君是中国传统价值观，岳母刺字"精忠报国"是中华民族的美谈。在历史的不同时期曾表现为拥护君主制度，也曾表现为反对封建专制制度，新时代表现为对党忠诚、对国家忠诚，对人民忠诚，牢固树立"四个意识"，自觉做到"两个维护"。中国传统家庭价值理念重信修义，强调讲信誉、重义轻利，在市场经济快速发展的新时代，更加重视诚信为本，不仅强调为人的讲信誉，同时强调市场经济中的诚实劳动、合法经营、公平竞争，坚决抵制背信弃义、见利忘义。

新时代高校思想政治教育话语体系建构是个开放性的实践过程，既要融通中外，又要兼蓄古今。传统家规家训都带有时代的烙印，在融入思想政治教育之前需要结合时代特点和要求进行现代化转换，话语体系是进行家规家训时代转换的载体，也是转换后应用的载体。因此，构建高校思想政治教育话语体系，须大力借鉴家风、家规、家训，充分发挥中华优秀传统文化的育人作用，优化其育人功能。

优良家风教育可促使人形成懂尊重、善谦卑的优良品格，爱学习、求知识的探索精神，讲诚信、遵法纪的行为习惯，以及集体主义精神和深厚的家国情怀，进而自觉拥护党的领导，自觉维护党和国家的利益，积极投身到中国特色社会主义建设和中华民族伟大复兴的征程中来；通过优良家风教育作用促使人形成正确的生命观、正确的生态观，热爱生命、尊重生命、保护生命。家庭文明建设需要以优良家风家训作为内在保障，家庭是组成社会的基础单位，而社会是所有家庭的集中体现。家风不仅影响家庭成员的作为，也影响党风和社会风气，家庭与社会相互依存相互作用，共同发挥着对人的教育作用。良好的家庭价值观念是影响人一生的重要因素，价值观念是相对固定的主观认识，是通过人的感觉感知和思想思维作出的主观判断，可以影响一个人的思维方式、生活方式、和价值观，进而影响一个人对党、国家、民族发展的正确认知。家庭价值理念对于人的成长成才有着巨大的作用，新时代高校思想政治教育需要融合良好的家庭价值理念，促进社会主义核心价值观的培育和养成，为中国特色社会主义发展夯实精神基础。思想政治教育话语体系建构要吸纳良好的家庭价值理念，融入社会主义核心价值观教育，在融入中实现价值理念的升华，让传统的优秀价值理念，服务于新时代思想政治教育，服务于立德树人的根本任务，服务于新时代中国特色社会主义事业。习近平总书记强调："我们要重视家庭文明建设，努力使千千万万个家庭成为国家发展、民族进步、社会和谐的重要基点，成为人们梦想启航的地方。"①家庭是人成长的摇篮，也是最基础的环境，要充分发挥家庭美德的育人作用。新时代高校思想政治教育话语体系建构要注重优良家风的融入、注重家规家训的现实转换、注重家庭价值理念的时代性升华。

---

①习近平谈治国理政（第2卷）[M].北京：外文出版社，2017：353.

第三章　新媒体时代
高校思想政治教育内容创新

第一节　新媒体时代高校思想政治教育理论创新

就高校学生综合全面发展的培养目标来看，思想政治教育在其中起到了至关重要的作用，这主要是因为思想政治教育能有效转变学生的认识。在客观现实的世界中，功能与结构之间往往存在非常密切的关联，而在高校的思想政治教育中，由于思想政治的内容非常丰富，也使得其在教学中拥有了相对较为完整的体系结构，因而其功能也将得到充分的发挥。然而新媒体时代的到来为我国高校的思想政治教育带来了一定的问题，这也就要求高校的思想政治教育能在新媒体背景下的适应性为目标以提高教学，对其内容结构进行调整与优化，以此使高校思想政治教育的作用得到充分的发挥，也只有这样才能在新媒体背景下使高校思想政治教育的功能得到充分的发挥。

高校思想政治教育的内容指的是在教学中所运用的，以实际的学生教育目标为依据的，以高校的思想政治教师用于帮助学生树立正确的价值意识和道德意识的相关教学内容和教学方法等。我国学术界对思想政治教育的内容结构普遍认为是由思想、政治、道德、心理等内容组成并有着其所独有体系结构，且每一独立的内容在思想政治教育中都有着其独特的作用。其中，思想教育在思想政治教育中占先导地位，强调对学生正确世界观等方面的培养；政治教育在思想政治教育中占核心地位，强调对学生正确立场方向等方面的培养；道德教育在思想政治教育中占重点地位，强调对学生正确道德意识和行为准则等方面的培养；心理教育在思想政治教育中占基础地位，强调学生信息素质的强化并培养他们养成正确的人格；等等。除了上述几点内容之外，也有部分学者认为思想政治教育的结构中还应包括法纪教育，并将其视为思想政治教育中最为根本的内容，且具有一定的保障性，与上述的内容之间存在着相互作用的关系。通过对这些内容结构进行合理的调整与运用能充分发挥思想政治教育在学生培养中的重要作用，并切实做好对学生的引导工作。

一、理论依据

（一）马克思关于人的全面发展理论

在《德意志意识形态》这一著作中，马克思提出了全面发展的相关理论，之后在《共产党宣言》中也从侧面强调了全面发展的重要性。此外，在其他的著作中也有着对全面发展的相关论述。就马克思所提出的全面发展概念中，其强调了发展所需各方面之间的协调性，也指出了在实际的生产过程中人类无论是智力方面还是在体力方面也都需要得到充分协调的发展，让其从真正意义上做到能熟知全部的生产过程。从人类的发展角度来看，全面发展指的是从整体性的角度出发强调自身优势的整体发展。除此之外，全面发展还包括保证人的实际需求得到充分的满足，并能对自身周围的社会关系加以协调，且还要求能让自身的个性得到充分的发挥，这也是基于全面发展理论基础上马克思对其所作出的解释。从全面发展的实质来看，其内容也为高校思想政治教育的发展与落实奠定了坚实的基础。这主要是因为全面发展的相关理论概念为高校思想政治教育的实施明确了目标及内容，且也是思想政治教育得到落实最为重要的依据。因此，在新媒体背景下，要实现对高校思想政治教育内容结构的完善，就必须从马克思的全面发展理论出发，将全面发展的概念及目标融入高校的思想政治教育中，以强调学生在学习中主体性的发挥，并提高思想政治教育的有效性。

（二）马克思的交往理论

马克思的交往理论属于其唯物史观的范畴。所谓交往指的是在一定的环境中人与人之间互动的一种方式，这往往也是生产所形成的条件。究其原因主要是因为，生产的产生必然需要人与人之间产生相应的联系。就马克思交往理论来看，除了涉及生产的内容之外，往往还要求将其与实践之间充分结合而共同进行探究与分析。在通常情况下，人类往往会通过一定的实践活动如生产活动等来明确自身在现实中存在所具备的客观性，而为了使自身的需求得到充分的满足，人们在活动中往往会通过一定的方式来对自身周边的世界加以改变。因此，在这一活动形式中不仅人类自身得到了充足的发展，同时也促进了全新活动形式的产生。正因如此，也可以说人实际上就是实践活动下的产物，一旦实践活动不复存在，那么人类甚至整个社会也将不复存在。除此之外，马克思还从普遍性的角度出发将交往进行物质和精神两种不同类型的划分，而这往往对促进历史的进步也有着一定的作用。马克思认为，交往在人类的生活实践中占据着至关重要的地位，并对人的发展起到了决定性的作用，也可以说马克思交往理论就是建立在生活实践基础上所提出的内容，生活实践不仅为交往的开展奠定了重要的基础，还能有效促进人类及其周边各要素之间的结合统一。

从思想政治教育的本质来看，其也可看作是一个以丰富学生的精神世界而实施的一种特殊的交往方式，这也使得思想政治教育比其他的学科更具思想性。正确的思想意识并不是人类与生俱来的，也不会因遗传或者环境而决定，而是会通过不断的交往以及活动的开展来不断地形成。在新媒体背景下，高校的思想政治教育要想对其内容结构进行不断的调整与优化，就要求其能以新媒体所具备的特点为基础，强调交往在学生培养中的重要性，并要求引导学生利用交往来对困难加以克服等。要注意的是，在学生的交往培养中教师应重视交往意识的培养，让学生能够主动参与到育人交往中并能选择健康的环境与他人之间建立交往的关系，进而在新媒体背景下，让学生以网络大环境为背景，以社会在思想道德及行为意识方面的要求为依据，在相关的交往活动中接受由教师所传递的相关思想道德和行为意识等方面的内容并实现其内化。除此之外，高校的思想政治教育还必须通过对其内容的整合，强化其自身的实践性与针对性，让学生在学习中能将学习的内容与现实的生活世界等进行充分的结合，进而更加有效地转变自身的思想观念意识。

（三）马克思主义系统结构理论

物质之间有着相互作用等联系，这是马克思在系统结构理论中所提出的相关观点。无论是自然界中现实存在的物质还是人们自身所产生的精神活动都处于不断的运动和变化中。除此之外，马克思在系统结构理论的基础上还提出了物质结构层次的理论，其指出物质结构往往会表现出多种大小不同的层次，在新媒体背景下，马克思的这一结构理论也对高校的思想政治教育具有一定的启示作用。一方面，高校思想政治教育中各内容之间有着其必然的联系，在新媒体背景下高校的思想政治教育也应从系统结构理论的观点出发结合发展和联系的观点来对其进行思考，进而在教育中采用更加有效的方式来使思想政治教育的作用得到充分的发挥，并根据时代的不断转变而对思想政治的内容结构等进行调整；另一方面，系统结构理论指出物质的结构其本身便存在一定的层次性，这也要求在新媒体背景下的高校思想政治教育能对其结构内容等进行合理的分层，进而为高校的思想政治教育构建更加科学的体系。

（四）马克思主义文化理论

马克思主义文化理论是马克思思想内容的重要体现，其在马克思主义理论中占据着至关重要的位置。就马克思主体文化理论的本质来看，其是基于社会关系基础上以发展为目标的一项整体性的内容。在这一理论中马克思也强调了人类全面发展的重要性，并将全面发展作为了人类价值得以实现的最为重要的目标。马克思表示，无论是人类的创新意识的培养还是自身价值的实现都强调了人的全面发展，而要切实有效地促进人的全面发展除了要保证生产力的提高之外，还要对人类自身所具备的社会关系进行调整与发展。由此可见，文化本身的创新及发展也为实现人类的全面发展提供了重要的推动力。受所处的社会大环境影响，马克思表示市场经济形势的转变势必会造成历史发展趋势的转变，而全球化正是在那一时代背景下市场经济形势转变而出现的经济、文化、政治等方面发展的必然趋势。除此之外，当时以资本主义为主的市场经济形势所带来的并不仅仅是全球化经济的发展，各国之间越来越密切的交流也将是那一时期所产生的必然趋势。人类思维意识的诞生往往会直接受物质环境、交往等因素的影响，而人类思维意识等方面的产生也往往与现实的物质内容之间有着必然的联系。这也使得在经济全球化的时代大环境下，随着交流范围的日渐广泛，人们的思想意识和精神内涵等也将逐渐表现出全球化的特征，而这对推动人类的发展也具有极大的作用。

在新媒体背景下，各国之间的经济贸易往来越发频繁，且科学技术也得到了充足的发展，受新媒体技术的影响，全球化交往的产生已然成为当下典型的现象之一，这也突破了传统交往之间的封闭性。从马克思主义文化理论的角度来看，其表示的全球性是文化交流所表现出的重要特点，这也为现阶段高校的思想政治教育的开展带来了全新的启示。当今社会，全球化经济的发展使得各国之间的文化交流变得更加多元化，我国高校的思想政治教育在内容的构建方面也应强调其全球性，并对全球性进行充分的利用以切实有效地推动高校思想政治教育的发展。这同时也要求我国高校的思想政治教育在实施的过程中要充分保障文化的开放性，从全球化的角度出发强调各国之间文化的互动与交流，进而对各国优秀的文化加以吸收与融合来弥补自身文化所存在的不足之处。需要注意的是，在各国文化的互动交流中，我国高校的思想政治教育还应在马克思主义的基础上坚持其先进性的原则，要保证教学的内容与方式能跟随潮流的转变而不断地进行更新与创新，进而更好地对学生进行引导以促进其全面的发展。

二、实践反思

在新媒体背景下，我国高校的思想政治教育的实践教学，无论其内容是否传统都将面临新媒体所带来的全新的问题。全球化经济的发展使得世界各国之间文化、政治等多方面的交流变得越发的频繁，不同的思想之间也产生了一定的碰撞，这导致我国高校的思想政治教育无论是内容方面还是教学方式等方面都变得更加的复杂化。从实际的角度来看，思想政治教育现阶段已然在人们的日常生活中得到普及，但在时代潮流不断更新发展的当今社会，不断发展更新的社会现状也为高校的思想政治教育带来了全新的挑战，尤其是科学技术的不断革新使得新媒体在人们日常生活中日渐普及，尽管这一发展为信息的传播与共享等方面提供了极大的便利，但同时也在很大程度上为信息内容带来了较大的不明确性。这也就要求高校的思想政治教育能充分直面这些问题，以传统的教育内容、方式、目标等为基础，对教育的模式进行创新。就近几年来我国高校的思想政治教育在教育内容、目标及方式方面所做的创新来看，形式主义是其中一个较为严重的问题，这极大地限制了高校思想政治教育在其自身内容结构方面的发展。

首先，以政治内容为主导的高校思想政治教育模糊了思想道德教育和政治之间的界限，与现实的生活之间相背离。以政治内容为主导的高校思想政治教育指的是在思想政治教育中以与政治相关的内容为教学的主体，并在此基础上采用以政治教育为主其他内容为辅的方式来进行教学，因此，基于政治教育而言，其他教学内容处于从属地位。就思想政治教育本质来看，其应强调德育内容在其中的重要性，并注重对学生良好道德素质和思想意识的培养。思想政治教育尽管具有政治教育的作用，但从本质上来看并不是直接的政治内容。因此，如果在高校的思想政治教育中仅重视政治教学并形成一种以政治教学为主导的教学模式，那么这将会导致思想政治教育与学生的生活实际之间相脱离。

其次，高校的思想政治教育过度强调思想政治知识的重要性而忽略了学生的全面发展。现阶段我国高校的思想政治教育仍更多地重视理论性知识的教学，这在促进高校思想政治教育发展的同时也给其带来了一定的问题，使高校的思想政治教育出现了知识化的倾向。这也导致高校的思想政治教育模糊了与其他学科教育之间的界限，不仅忽视了学生在学习过程中的主体性，也忽视了思想政治教育在培养学生良好道德素质方面的引导作用，同时也使高校的思想政治教育失去了其实用价值。除此之外，高校思想政治教育受知识化转变的影响也忽视了教学中学生情感的调动，使思想政治教育中原本连贯的环节出现了分离，而这种以知识为导向的思想政治教育则限制了学生的全面发展。从本质上而言，思想政治教育其本身存在一定的养成性，而在教学中尽管学生能对思想政治知识有相对完善的掌握，但也并不代表其有着正确的思想价值意识。

再次，高校思想政治教育的目标预设过于理想化而导致思想政治教育与现实生活之间相脱离。就思想政治教育而言，以往我国高校的教学往往具有较重的理想性特征，这也往往表现为在教学中对学生设置了不切实际的教学目标，而导致学生无法适应其教学。当今时代经济飞速发展，社会处于转型的重要阶段，人们的生活及各方面都产生了巨大的变化，新媒体的出现在很大程度上改变了当代的高校学生的思想意识和学习生活方式。就高校的思想政治教育而言，其内容更多的是教材及资料这种过于追求信念及原则方面的内容，而新媒体背景下高校的学生已然习惯了对社会尤其是对社会不良现象的放大，而这些现象用思想政治的内容往往无法给予较好的解释，因此，在对学生进行教育时其往往并不具备较大的说服力，而这对思想政治教学效率和质量都具有一定的不良影响。从现实层面来看，学生在进入大学之前可以说一直受到应试教育的影响，这也就赋予思想政治教育一定的理想性，并使其与生活实际相脱离，因此，这种思想政治教育在本质上很难被现阶段的学生所接受。就以新媒体为背景的社会现状来看，高校的思想政治教育要结合学生的实际生活，并以学生实际的学习生活为基础进行教学，通过培养学生正确价值意识的思想情绪来促进其全面的发展。

最后，高校的思想政治教育在内容的选择方面过于强调规范性，而模糊了学生群体自身所具备的差异性。在新媒体背景下，高校的思想政治教育在内容的特征上出现了极大的变化，高校的师生在实际的教学中也开始面对一个更加复杂的学习画面。新媒体的出现不仅使学生的互动交往扩大了范围，也由于信息的多样化给学生群体的思想和意识等造成了极大的冲击。在这一背景下，如果高校的思想政治教育忽略了教师及学生的实际特征以及彼此之间的差异，在内容的选择方面过分重视其规范性，就会大大降低思想政治教学的效率。从现实层面来看，思想政治教育内容的过于规范化也是我国高校现阶段思想政治教育所面临的最重要的问题之一，这主要体现在不同专业、能力、基础等方面的学生所采用的都是统一的教学内容。所以在新媒体背景下高校的思想政治教育应当以学生的实际情况为依据来进行教学内容的选择，突出学生之间的差异性，强调教学内容与学生实际生活之间的结合。

三、新媒体时代增强高校思想政治理论课教育教学实效性的原则

（一）理想信念教育与高校学生成才相结合的原则

新媒体技术的快速发展和广泛普及，推动了高校思政理论课教学模式的创新，可以说，高校思政理论课教学实效性的提升主要在于变传统灌输式教学模式为互动式教学模式，以进一步激发学生学习兴趣，创建平等和谐的师生关系，积极互动，共同学习、发展。思政理论课教师需要在充分了解与掌握网络新媒体的基础上合理利用其优势与特征进行教学，并需要加强对国内外所有社会动态的关注和教学内容的及时更新，在实际教学过程中，除了需要讲解思政理论课，还需要在教学内容中融入社会热点，从而营造宽松和谐的学习环境，激发高校学生对思政理论课的学习积极性，加深学生对学习内容的了解与掌握。

高校学生不仅是我国极为珍贵且重要的人才资源，而且是我国社会主义健康发展不可或缺的力量。一直以来，如何培养高素质高技能人才都是一个全局性问题，所以当前高校需要有效融合学生理想信念教育和学生健康成长成才。一定程度上说，理想信念意味着人们对日后美满幸福生活的追求及个人价值观层面的转变，即由感性层面转至理性层面，理性信念具备较强的凝聚力、感染力与亲切力，一旦形成便可积极促进实践活动的健康开展。

现代高校学生的重要使命在于发展社会主义事业，因此，高校需要加强对学生理想信念的教育。新媒体时代背景下，高校学生面对较多实际问题，而这些问题的应付与处理需要坚定、良好的理想信念作为支持。所以，马克思主义基本原理应用则是当前高校思政理论课教学质量与实效提升的重要原则之一。新媒体优势明显，而这些优势的应用，可以帮助高校

学生树立正确的理想信念，明确正确的人生目标，帮助高校学生充分认识与了解理想信念的重要性，从而激励自己努力学习与实践，为高校优秀创新型人才的培养奠定良好的基础。

（二）政治性与科学性相统一的原则

新媒体时代背景下，在高校思政理论教学中遵循政治性与科学性相统一的原则，此前提是需要同等重视政治性与科学性，且政治性与科学性是紧密联系的。一方面，高校思政理论课教学质量与实效的提升需要依附于科学性和突出思想教学政治性，思政理论课教学工作与政治任务的明确需要了解与掌握思政理论课作用与职责，以及需要确立思政理论课教学理应具备的价值取向，保障思政理论课教学规范。另一方面，高校思政理论课教学的有效性需要充分尊重科学性。而对思政理论课科学性的尊重，需要积极开展思政理论课教学实践活动，在实践活动中不断强化科学理论。值得注意的是，高校思政理论课教师除了需要充分尊重思政理论课教学的科学性，还需要保障政治主导权。

（三）教师主导性与高校学生主动性相统一的原则

新媒体时代背景下，高校思政理论课不可盲目生搬硬套，而是需要结合教学实际来改进与更新教学素材与教学内容。社会变迁潜移默化地影响着思政理论课，所以思政理论课应随着社会的不断变迁而创新，即及时变传统的、落后的思想为新时代思想，当然，这些新思想理应得到高校思政理论课教师的重视。便利性是新媒体的主要优势之一，为此高校教师需要充分利用此优势积极增添与创新教学内容，新媒体对于高校师生而言有着极其重要的意义，无论是教师还是学生都需要正确使用它，虽然它的优势显而易见，但我们也不可过于依赖新媒体。以后，新媒体技术必然会更加广泛地应用于高校思政理论教学活动之中，基于此，高校思政理论课教学质量与实效也会日益提升。

在信息技术快速发展的今天，高校学生提升了民主、社会、自我意识，树立了良好的精神面貌，营造了平等和谐的人际相处模式，在与他人相处的过程中懂得更加尊重他人，在解决人际关系的过程中也懂得更加关注行为方式。新媒体时代背景下，高校思政理论课教学需要遵循教师主导性与高校学生主动性相结合的原则，思政理论课教师主导作用的充分发挥，可以促进高校学生主体性意识的提升，促进高校学生的健康发展，从而更好地为高校学生服务，提升思政理论课教学质量与实效。

（四）传统课堂教学与使用新媒体教学相统一的原则

高校思政理论课传统教学模式过于注重教师地位，教师以高高在上的教育者自居，重理论知识灌输、轻实践活动开展，且学生被动接受知识，缺乏自身思想，忽略自身需求，也就是说思政理论课的传统教学形式为教师灌输学生听课。而新媒体时代打破了传统教学形式，高校思政理论课教学对学生有了新的要求，即学生需要主动加入思政理论课教学之中，从而使学生主动性得以充分发挥。高校思政理论课需要摒弃传统教学模式中过于注重教师地位的教学理念及过于简单的教学观念，为了更好地创新与发展思政理论课教学，教师需要合理发挥自身主导作用，学生需要合理发挥自身主体能动性。学生主体能动性的合理发挥，首先需要帮助学生充分认识与了解他们的自身作用，即他们是高校思政理论课的教学主体，无论教师还是学生都是思政理论课教学不可或缺的主体，他们有着平等的身份与地位，所以在思政理论课教学过程中师生之间应保持平等互动沟通。

在思政理论课教学过程中，教师需要摒弃自己高高在上的教育者身份，创建和谐平等的师生相处模式，充分尊重学生思想，充分发挥学生主体地位。思政理论课教师除了是教育者还是引导者，教师需要以引导者身份多与学生进行沟通交流，真正了解与掌握学生的实际想法，在此基础上合理应用新媒体技术创建丰富多样的网络平台，以供受教育者共同讨论社会热点问题，这无疑可以激发学生的学习兴趣，提升学生的主体能动性，提升思政理论课教师的教学热情，学生可以畅所欲言，不再被动接受知识。新媒体网络具备极为丰富的教学资源，且高校学生在选取学习资源时不受约束，可以自由选取，且选取途径极为便捷。高校学生除了可以自主选取学习资源外，还可以依据自身兴趣爱好及实际需求采取多种学习方式，这无疑可以提升高校学生学习自主性，提升思政理论课教学质量。

新媒体时代背景下，高校思政理论课教学需要遵循传统课堂教学与新媒体教学相统一的原则。首先，新媒体在思政理论课教学中的应用可以丰富与深化教学内容，值得注意的是，新媒体的应用需要围绕课堂教学进行，强调教学实际重点，不可盲目延伸内容，从而促使思政理论课教学目标与标准的实现。其次，在实行思政理论课教学时，需要有效融合传统课堂教学和新媒体教学，使之可以共同进行。虽然高校学生可以通过新媒体自由学习，但思政理论课教师依旧需要积极指导，以帮助学生更好地掌握使用新媒体学习课程知识内容的方式。一定程度上说，传统课堂教学与新媒体教学相统一原则的应用，可以促进高校思政理论课教学质量与实效性的大幅度提升。

（五）教学手段多样化的原则

高校思政理论课教学的传统活动中，教师使用的教学素材主要来源于国家规定的标准课本与教师自身具备的知识，教师获取教学素材的途径较为单一，加之部分思政理论课教师不具备丰富的知识与技能，难以紧随潮流和及时摒弃传统教学素材，所以教学内容较落后，教学积极性较低，不但影响了高校思政理论课教学质量与实效，而且影响了高校学生思政理论课的学习积极性。

在社会快速发展的今天，国内外形势发展加快，潜移默化地影响着高校思政理论课教学，所以思政理论课教师需要在充分了解与掌握国内外形势的基础上合理更新、发展思政理论知识与内容。然而实际上，当前不少高校的思政理论课教学内容与素材都难以满足社会实际发展需求，缺乏渲染力与吸引力，从而影响了学生的学习兴趣与教学实效。所以，思政理论课教师需要依据学生的兴趣爱好与特征，将高校学生实际情况视作出发点，积极分析与研究思政理论课教学手段，主动创新与发展高校思政理论课的教学模式与教学内容。坚持教学手段多样化原则，创造趣味性较强的形象，从而为思政理论课教学注入新的活力，提升思政理论课教学质量及学生思政理论学习的自主性。值得注意的是，思政理论课教学手段的多样化对教师提出了新的要求，即思政理论课教师需要在实际教学过程中充分发挥学生的主体地位，在充分了解与掌握新媒体技术的基础上进行教学，从而真正促进教学手段多样化作用的发挥，提升高校学生思政理论课的学习兴趣。

（六）学校教育与社会教育相统一的原则

新媒体时代背景下，高校思政理论课教学质量与实效性的提升需要遵循学校教育与社会教育相统一的原则。学校教育是高校教育中大学生主流文化的主要基地，对大学生发展有着决定性影响；社会教育则是指不涉及高校思政理论课教学的社会团体与社会文化机构依据相应社会需求开展的一系列活动，它有效补充与延伸了学校教育。可见，学校教育紧密联系着社会教育，二者缺一不可，无论是学校教育还是社会教育都对思政理论课教学有着较为重要的意义，有利于推动思政理论课教学的全面改革。但思政理论课教学是一个潜移默化的过程，需要社会及高校的共同努力，高校思政理论课教学的健康发展离不开社会与教师的支持，所以教师需要积极融入社会，并与之合作，从而更好地保障思政理论课教学的持续性，避免传统教育中负面现象的发生。思政理论课教学要求高校多与社会合作，创建平等和谐的关系，不拘泥于固有模式，从而为学校教育与社会教育的合理统一奠定良好的基础。

四、注重新媒体的影响

从当前现状来说，运用新媒体健全高校思政教学模式与体系，提升高校学生受教育水平，扩展受教育途径无疑是正确的选择，但其运用方式是值得我们深思的问题。这里我们将着重分析高校思政教学途径的选取，摒弃传统思政理论课灌输式教学模式，关注隐性思政教育，遵循相应顺序开展新媒体教学平台，从而更好地创建高校思政教学模式与理念，并加以充分展现。

（一）树立占领新媒体阵地意识

科技的不断开发和应用推动了新媒体媒介与客户端的发展，在信息快速发展的今天，新媒体已经普及了生活中的各个领域，并潜移默化地影响着社会大众。新媒体时代背景下，信息时效性的掌握与适应是每个人都需要具备的技能，可以说，信息发言权对时代主旋律的掌握有着决定性作用，即持有信息发言权者便可掌握时代主旋律。高校思政教学工作的目的在于培养社会主义事业建设者与接班人，所以我们需要深刻认识到信息现代化的重要性，需要知道现代化既是信息现代化又是新媒体应用现代化。在此背景下，高校思政教学工作需要打破传统局限性，充分认识新媒体功能，并加以应用，从而为高校高素质高技能人才的培养提供良好的基础与条件。

我们可以结合实际发展情况创建高校思政理论课教学网站，以更好地发挥网上思政教学的感染力与吸引力；可以在充分了解与掌握新媒体优势的基础上积极丰富与拓展高校思政教学内容。尽管传统媒体早已深入人心，但新媒体凭借自身优势快速发展，传统媒体影响力逐渐被弱化，本书前面提及高校思政理论课教师在新媒体时代所受到的影响，即新媒体时代背景下，高校思政理论课教师的地位有所降低，为此我们需要进行思想引导，创新传统灌输式教学模式，正确认识与应用新媒体技术，并制定对策。在思政理论课教学过程中，想要充分发挥引导作用，就需要占领新媒体阵地，新媒体阵地的合理占领象征着激励、鼓舞高校学生的旗帜。可以说，新媒体阵地的优势较集中，合理设防重点，这种不拘泥于固有模式的教学才能更好地满足新媒体的发展需求，以及推动高校思政理论课教学质量与实效的提升。

（二）主动引导高校学生使用新媒体

大学生思想较开放，容易接受新事物，新思想与新观念在高校的传播更迅速。但这并不意味着高校仅是新思想与新观念传播的场所，只是相对来说新媒体具备较多显著优势，如信息海量、信息获取途径便捷等。

高校思政理论课教师既需要主动掌握新媒体、应用新媒体，又需要引导高校学生掌握新媒体、应用新媒体，从而更好地服务于自身所学。具体来说，将教育工作者与高校学生视作点，基于新媒体创建密切联系的线，在此基础上健全高校思政理论教学工作的面。点、线、面的有效结合，可以大幅度提升高校思政教学工作水平。另外，我们需要充分认识到现代高校学生的思想尚未完全成熟，还有待完善，加之他们不具备丰富的知识面与社会经验，难以全面认识事物、理解事物，存在一定的个人主义，易受诱惑，高校学生思想可塑性强，若任其思想随意形成与发展，自然不利于学生的身心健康，所以我们需要紧抓此时期，耐心纠正学生错误的思想。在此过程中，高校思政理论课教师的作用不容忽视，他们除了需要引导高校学生掌握新媒体、使用新媒体，还需要加强高校学生在各个环节对新媒体的正确科学使用，主要涉及思想启蒙、形成等环节。当然，新媒体也存在一定的风险与弱点，这就对高校思政理论课教师有了更高的要求，需要其科学掌控好新媒体存在的风险与弱点，合理包容相应领域内的思想沟通与摩擦，从而促进思想多元化的实现。

五、转变传统高校思想政治教育观念

（一）灌输与渗透相辅相成

新媒体时代背景下，高校思政理论课教师需要紧随潮流，在充分了解与掌握新媒体特征的基础上积极转变传统教学理念，并将其视作切入点，积极拓展与新媒体时代具体要求及高校学生实际发展需求相符合的途径。灌输和渗透的紧密相连与相辅相成，指的是在教学途径的实践中，除了需要灌输学生知识，还需选取渗透式教学，高度关注高校学生的积极性与主观创造性，将灌输和渗透有效融合。新媒体具备较多显著优势，特别是网络，不仅知识面广泛而且知识体系完备，相对来说，传统高校思政理论课教师大都不具备这些优势。新媒体的应用，则为高校学生的思政理论学习提供了良好的条件，加之在新媒体应用过程中，强化灌输思维与渗透式教学，这无疑大幅度提升了高校学生学习的成效。除此之外，高校思政理论课教师还需要多与学生进行沟通和交流，真正了解与掌握学生心中所想，结合高校学生自身特征与发展实际需求主动纠正与引导学生发展，从而提升高校思政理论课教师的教学质量，提升高校学生自主学习意识与独立思索的能力。

（二）堵截与疏导相互渗透

在实际学习过程中，大学生会产生困惑或思想波动，这时思政理论课教师需要及时摒弃传统思想观念和教学方法，将堵截与疏导有效融合。高校作为知识与思想传播的重要场所，其重要性不容忽视，而思想的摩擦与汇集对新思想的形成有着潜移默化的影响。新媒体时代背景下，所有高校学生都会认识与接收到众多思想，传统思政教育已经不能完全满足这种新媒体时代背景下大学生对新思想、新知识的实际需求，生硬的说教不仅会增加思想传播的难度，而且会阻碍新媒体优势的充分发挥。因此，堵截与疏导的相互渗透尤为重要。除此之外，还创新了思政教学模式，推动了高校学生的全面发展，为高校文化阵地注入了新的活力。

（三）说教与互动相得益彰

高校思政理论课的传统教学模式过于注重教师的地位，教师扮演的角色是知识输出者，学生扮演的角色是知识学习者，双方沟通较少。但新媒体时代背景下，学生获取知识的途径日益丰富，较好地转变了知识获取途径格局的单一性。借助新媒体，一些学生不仅提升了自身思想水平，而且提升了自身专业水平，面对此种现象，思政理论课教师难以合理掌控与发挥自身知识威望性，究其缘由，从层次角度而言，部分学生具备的知识与技能已经可以与思政理论课教师相提并论，甚至有的已经胜过教师，所以教师选取的传统灌输式教学模式，扮演的以教为主的角色已经不能满足现代学生的实际需求，加之学生可以自由获取信息，他们扮演的以接受为主的角色也难以适应现代教学需求。为此，我们需要创新教育模式，即有效融合思政理论课教师和学生之间的沟通与说教，可以说，这就是新媒体时代高校思政理论课教学的重要转变。在实际教学过程中，高校思政理论课教师需要结合实际，创建良好和谐的教学环境，鼓励学生主动沟通，创新教学模式，从而更好地促进思政理论课教师教学水平的提升。

（四）理论与情景有效配合

新媒体时代背景下，高校思政教学观念的转变，除了需要有效融合说教和互动，还需要有效融合理论和情境。一般来说，理论较为抽象、不易理解，而情境可以将理论知识形象化，易于学生学习与理解。所以，理论和情境的有效配合可以提升学生的学习积极性，可以提升思政理论课教学质量与效率。具体来说，高校思政教学过程中，新媒体媒介因其自身的特殊优势可以较好地转抽象为情境，在此基础上再使用投影仪，可以为学生创建良好的学习氛围，以感受与体会当事人的情感，所以电子课件的合理使用，加深了学生对所学知识的了解，同时促进了知识发展。相对而言，新媒体技术的应用，转传统文字、语言教学为图片、视频教学，不仅为思政理论课教学注入了新的活力，而且拓展了知识面。在实际教学过程中，高校思政理论课教师不再是一个高高在上的教育者身份，而是需要引导学生，在教授理论知识时需要融入情境教学，这样不但利于加深学生对知识的理解与记忆，而且有利于知识的继承与发扬。

第二节　新媒体时代高校思想政治教育内容结构优化

一、新媒体时代内容结构优化的原则和要求

新媒体时代背景下，信息的繁杂性、资源的开放性、交往方式的改变等特征交织于一起，高校思政传统教育内容已经难以满足时代需求，但这不意味着需要完全摒弃，而是需要依据时代特征进行补充与重组。

（一）新媒体时代高校思想政治教育内容结构优化的原则

1.整体与局部统一的原则

思政教育自身就是一个繁杂的动态系统，涉及较多因素，这些因素之间相互作用的形式形成思政教育结构，当前"三要素论""四要素论"与"五要素论"等是学界涉及的基本结构，其中"三要素论"主要包括教育者、教育氛围与受教育者，"四要素论"主要包括主体、环体、客体与介体，"五要素论"主要包括主体、目标、客体、方法与内容。虽然这些

要素存在差异，但它们都具备一个共同特征，即各要素之间有着互动影响的关系，在此基础上促进整体系统统一性的形成。但在此系统中，还包含价值结构、方式结构、主体结构、评价结构、课题结构与内容结构等子系统。对于整体与局部关系而言，我们都知道核心在于整体，但有时整体改善与局部改善间不具备完全统一性，存在一定的失衡性与错乱性，所以，我们需要严格遵循整体性原理，改善整体的同时强化整体改善与局部改善的统一。新媒体时代背景下，高校思想政治教育内容结构的改善，同样需要遵循整体性原理，也就是说我们除了需要改善整合各子系统内容结构，如思想教学、心理教学、政治教学、法制教学与道德教学等，还需要补充与健全所有子系统内容体系，更为重要的是需要把这些内容合理渗透于整个教学体系之中，全面实现教育价值。

2.层次性与针对性相统一的原则

从高校思想政治教育实践工作角度而言，教学内容虽然取得了良好的成效，但也日益呈现出一些弊端，如泛政治化、泛统一标准化、泛信息化与泛高理想化等，这无疑增加了提升教育质量的难度。其实，在高校思想政治教育创新中，层次性与针对性体现于多个方面，主要涉及教育对象、教育模式与教育内容等，尤为突出的是教育内容，思政教育内容不仅是历史产物而且是高校不可或缺的内容，所以其具备一定的动态性。另外，层次性同样需要体现在思政工作的教育内容上。第一，每个群体都具备自身特殊性，面对这些存在差异的群体，思政教育内容需要有效融合广泛性与潮流性；第二，每个阶段都不是一成不变的，面对这些多样化的阶段，思政教育内容需要有效融合共时性与历时性，科学结合时代特点，调节教育内容。

3.提高要素质量与理顺要素关系相统一的原则

新媒体时代背景下，高校思想政治教育内容结构的完善，不能仅注重直接内容，还需要强化根本环节。从思政教育内容而言，所有内容要素都具备极为多彩的内在含义。在系统结构中所有教育内容都需要具备一定的排列次序与地位，若各要素没有依据相应标准进行排列组合，那么功能便会截然不同。若各内容要素没有明确地位，主次不清，那么结构便会不科学。值得注意的是，即使明确了地位与主次，但若不注重部分教育内容，那么便会出现内容体系残缺、结构片面的现象，从而影响结构科学性与有效性。例如，仅注重政治教育主导作用的关注与维护，会导致视野局限、思政教育内容简单，因此不具备有效性。

4.延续性与时代性相结合的原则

时代的快速发展、科学技术的广泛影响、社会文明的全面进步，在一定程度上对人的素养发展有了新的要求，高校思想政治教育内容结构需要紧随潮流，做到及时更新与发展。例如，党的十八大提出的社会主义核心价值观，即主张富强、和睦与民主，主张平等、法制与自由，主张爱国、真诚与友爱等，高度凝集了核心价值系统，使马克思主义价值观的基本特质、精神传统与历史秉承、时代发展一致得以充分体现，不仅具备理论持续性，而且具备现实目的性。除此之外，思政教育的内容结构改善易受多种因素的约束与影响，主要涉及教育者自身发展阶段、社会氛围、师资团队等因素。思政教育内容结构改善离不开实践检验，且实践检验是最终环节，但这并不意味着受教育者是试验品，调节如果产生问题，那么一代人甚至是几代人的发展都会深受影响，所以态度需要严谨，既不能夸大其词，也不能轻视实际随声附和。

5.时效性与可读性相结合的原则

新媒体时代背景下，高校思想政治教育需要充分了解高校学生感兴趣的话题，高度重视焦点问题与疑惑问题，在此基础上加以整理与释疑，并将其视作教育内容素材，深入挖掘其中涉及的思政教育内在含义，以更好地帮助高校学生认识与处理思想认知问题。高校思想政治教育话语结构在新媒体时代发生了较大的改变，关于此点前面已重点论述过，这里便不再详细复述。语言的泛政治化，在一定程度上影响了高校学生思政教育内容的点击率，也就是说高校学生对思政教育内容的兴趣不高，以致很少会点击思政教育内容，这无疑导致思政教育与实际意义脱离。因此，我们需要想方设法地提升高校学生思政教育内容的可读性，即充分了解地域特征、学校特色、学生特征，掌握新媒体时代下高校思想政治教育内容话语发生的改变，从而拓展内容领域，丰富内容表述方式与语言，使之生动而具体。

6.规划传播与有效控制相结合的原则

从传播学角度而言，传播内容的合理性较为重要，有利于改善与提升传播成效。思政教育同样属于传播活动，但因其具备自身特殊性，具备独特的内容及表述范式，加之其易受政治发展、历史条件与其他相关因素的影响，所以其内容需要进行合理调节与约束。其实，思政教育本身便具备相应的社会操纵力，也就是说为了保障社会秩序稳定，促进社会文明发展而运用束缚或者指导教育社会成员的方式与手段。

首先，这是保障社会和谐的必然要求。思政教育是思想上层建筑不可或缺的部分，虽然经济基础对其内容有着决定性作用，但政治上层建筑对其也有一定的约束性，所以其政治性与阶级性较为显著。人综合了社会关系，所以社会交往需要严格遵循相应行为规范协调多方面关系，这才能更好地运转整个社会。可见，我国高校思想政治教育需要使用与社会发展相符合的道德标准、思想政治观念引导高校学生思想。其次，这是建设中国特色社会主义市场经济体制的本质要求。为了更好地展现我国成就，就需要在经济创建方面下功夫，需要搞得有声有色，取得良好成绩，但这并不意味着仅注重经济成功，忽视风气，只有在树立良好风气的同时搞好经济，才能避免出现经济变质现象。最后，这是面对新媒体带来的多种文化影响实际需求。新媒体时代背景下，文化产品与服务已较为普及，如书刊、手机短信、电视节目、互联网信息与电影等，它们除了提供娱乐与消息外，还传播政治观点与社会价值，所以它们潜移默化地影响着社会精神机构。虽然新媒体技术不受时间与空间的约束，但也增加了学校与政府的教育难度、调控难度。具体来说，新媒体技术在一定程度上拓展了高校学生查阅信息、选取信息、接受信息、传输信息的能力与自由，创新了思政教育话语权掌控态势，即思政教育话语权不再局限于权威部门，但同时也需要合理掌控好高校思想政治教育内容。

（二）新媒体时代高校思想政治教育内容结构优化的要求

新媒体时代背景下，高校思想政治教育内容结构改善并非完全否定传统的思想教育内容结构，提出新奇主张，而是应该在充分了解与掌握传统思想教育内容结构优缺点的基础上依据时代特色继承传统，整合思政教育内容。新媒体时代背景下，高校思想政治教育受到了较多影响，基于整体规范，结合原则改善思政教育内容环节后，"改"是一个循序渐进的过程，代表着创新方向；"善"则是定量表述，需要将思政教育任务与目标实现视作根本规范。因此，除了需要正确了解与掌握思政教育内容结构的层次性和完备性，还需要合理设定思政教育内容结构的改善要求，即"三贴近"。

1.内容结构的层次方面

内容结构不仅具备整体性，而且具备层次性。结构层次性主要包含两方面，即横向结构、纵向结构，它们之间有着紧密联系、相互促进的关系，现阶段，对这两方面提出了新要求。

一方面，从横向结构角度而言，需要创新模式。新媒体时代背景下，高校思想政治教育内容作为有机整体，日益多向度化、多层次化与多类型化。横向结构层次指的是思政教育内容相同层次所有要素之间的拓展关系与相互作用。思政教育内容的完整性主要体现于人和社会综合发展的联系上，在此联系过程中，具备一个主导作用要素，即政治教育，对思政教育中的其他内容、性质、方向有着决定性作用与支配性作用。高校思想政治教育之所以需要遵循政治教育原则，是因为政治教育可以促进相应社会阶级与集团政治目的的实现。与此同时，相应阶级与社会需要将人的素养的完整性、丰富性等视作出发点，合理提升社会成员在思想政治与心理素质等方面的标准，从而促进新思政教育内容结构的形成，即有效融合政治、心理、思想、道德与法纪等教育。所以，在思政教育内容体系的创建过程中，需要将思想教育内容的横向联系视作出发点，基于主流形态的引导，从多方位关系上明确对受教育者的一系列要求，主要涉及政治要求、心理要求、思想要求、道德要求与法纪要求等，从而强化类型相似教育内容的整合，处理现存的一些内容中单一重复的问题。

另一方面，从纵向结构角度而言，需要完善层次性与针对性欠缺的问题。层次代表着体系内部结构各个等级的领域，指的是体系要素之间合理融合的等级秩序，等级秩序又称次序。高校思想政治教育内容依据受教育者的学习能力、接受水平、角色层次等把思政教育合理区分成基础层次、较高层次及高层次。其中基础层次教育内容主要涉及道德教育与心理教育，较高层次教育内容主要涉及思想教育，高层次教育内容主要涉及政治教育，这些层次的教育内容息息相关，并展现出由低至高的关系。为了满足新媒体信息海量多元特征的需求，组合理应遵循分层分级原则，所以高校除了需要强化社会价值观的传播，还需要积极学习与吸收国内外出色的思潮热点与文化思想，从而促使内容丰富化。

2.内容结构的选择方面

现阶段，高校思想政治教育内容还未完全有效融合理论性和实践性，在安排内容结构时，需要与实际贴近，否则会显得较为生硬，加之传统政治环境的影响，所以高校思想政治教育难以与时俱进，传统理论受限于陈旧的条条框框之中，难以融入新鲜事物与新活力，难以使用大众感兴趣的语言进行表达，这无疑增加了认同的难度，增加了转化为行动力的难度。

所以，高校思想政治教育内容结构需要将实际视作出发点，紧随时代潮流与高校学生步伐，了解与学习新思想，处理新问题，这样才能更加深入地内化，提升学生积极主动接受的成效。由此可见，现阶段在选择内容结构时需要避免出现教育内容过于抽象与僵化的现象。具体而言，优化高校思想政治教育的内容结构要做到"三贴近"。

（1）贴近社会现实

新媒体技术的快速发展推动了人类文化传播的转变，脱离了文化传播传统模式的束缚，这些都与新媒体技术具备的自身优势息息相关，如容量较大、范围较广、自主选取性较高等，从而拓展高校学生的选择机会。然而，高校思想政治教育的传统内容结构系统存在一定的局限，难以在短时间内适应社会经济发展需求，难以在短时间内引导学生认识与理解媒体上所接触的社会现实。此问题较为突出，面对这样的问题，我们需要在思政教育内容结构系统中不断探索紧密联系现实的思政工作内容，这样才能最大限度地吸引高校学生的关注度，进而帮助他们树立良好的法制观、人生观、世界观、道德观与价值观等，正确看待现代化进程面临的所有社会问题，可以结合实际，应用自身所掌握的知识与具备的经验处理相应问题。

（2）贴近专业要求

培养高素质高技能的专业人才是高等教育的重要目标。由于传统思政教育存在的不足，如泛知识化，同步相应智力教育，主要涉及思政教育、专业理论学习、专业技能培养，但随着就业压力的日益增加，一些高校、学生与教师的价值指导融入了一定的功利性，没有将思政教育规划于高校高度重视的教育内容之中，从而影响了高校思想政治教育地位。在现实生活之中，道德不仅是人健全之本而且是社会和睦之基，道德与生活紧密联系，即无论是生活还是工作都需要理解道德。所以，思政教育与专业教育不属于并列关系，而是互相融合的关系，高校学生政治教育内容也需要与学生专业选取、专业学习、素养提升紧密相连，积极寻找贴近学生专业的切入点。值得注意的是，培养有素质有道德的学生理应是专业教育的前提，这一点需要得到高校的高度关注与重视，这样才能更好地为高校高素质高技能人才的培养奠定良好的基础。

（3）贴近学生实际

将思政教育有效融合学生学习。事实证明，人们最为关切的在于实践活动与其实际利益，同时这也是人们最感兴趣的内容。新媒体时代背景下，高校学生转传统较为单一的信息获取途径为较为全面的信息获取途径，但无论什么教育内容，一旦与实际相脱离，受教育者便会出现不良情绪，甚至形成逆反心理。因此，高校思想政治教育内容不仅需要结合马克思主义理论、党的政策、党的方针与路线等，还需要结合人文关怀，主要涉及道德文化、行为标准、民主意识、人文精神、社会焦点、科学精神与优质生活模式等，引导学生转被动接受为主动学习。为了在高校思想政治教育中融入新的活力，这就要求我们要与时俱进，不断开阔教育视野，主动探索新问题、处理新问题，广泛吸收与应用相关的探索成果，如拓展创新教育思想、媒体素质与全球意识等内容，从而丰富学生的知识面，更加合理地教育与引导学生。

（三）优化高校思想政治教育的内容结构要与学生生活相结合

一定程度上说，高校学生属于"半社会人"，还正处于成长阶段，不可避免地会面对着成长蜕变。年轻是充满活力，现代高校学生较为显著的特征在于个性较张扬，虽然他们面对的新契机日益增多，但同时也带来了一系列疑惑，所以他们面临的选择与问题也与日俱增。具体来说，他们面临的问题主要涉及合理安排生涯计划，以主动参加竞争的方式、合理和人交往以满足现代、虚拟社会繁杂环境需求的方式、合理化解压力以处理多种矛盾的方式等，这些问题的处理都潜移默化地影响着高校学生的未来发展。高校思想政治教育内容除了需要提升学生实际生活能力，还需要培养学生日后健康发展的能力，可见，高校需要充分发挥学生的主体地位，在充分了解与掌握学生实际情况的基础上耐心指导学生，并协调学生一起处理他们所面临的问题；需要主动教育学生良好的生存方式，学会与他人创建和谐的相处模式；需要提升学生参与活动的积极性，培养学生的合作意识；需要提倡学生探索一些普遍问题，加强全球意识；需要引导学生高度关注与重视人的生活环境与水平，庇护人们尊严，健全道德品质与综合发展问题；需要有针对性地培养高校学生的国际意识与国际合作沟通知识、技能。只有较为全面地了解学生、贴近学生，高校思想政治教育内容才可以更好地被学生认可与接受，以及更好地提升思政教育的质量与实效。

二、新媒体时代高校思想政治教育内容结构优化设计

针对新媒体时代背景下高校思想政治教育工作中不断出现的新问题和新状况，我们应在坚持理论与原则的指导作用下，主动对当前工作进行最大程度的调整、优化。

（一）政治教育：突出主导性内容

在我国高校思想政治教育的内容体系当中，政治占据了绝对的主导地位，决定了整个思政教育工作的发展方向，起着重要的支配作用。政治教育的内容主要涉及政治理想、方向、立场以及纪律等方面，其核心内容是解决一些与社会制度、国家、阶级相关的重大问题的态度与立场问题。政治教育充分体现了高校思想政治教育的本质属性，一方面受到党的政治发展路线的制约，另一方面也使得路线服务的政治特色更加鲜明。高校在开展思想政治教育工作时应始终贯穿政治教育思想，指导思政教育沿着正确的发展路径改革。当今社会，国内外形势日益复杂，高校应通过思想政治教育帮助学生树立牢固的政治观与思想价值观，不断增强他们的社会责任感与爱国主义情感。在对待诸如靠谁领导、如何发展、树立什么样的旗帜等政治问题时，

要始终坚持走中国特色社会主义的发展道路不动摇。新时期，我们应站在崭新的战略高度上引领我国的社会主义事业发展，坚定不移地实施"道路自信"。高等院校思政教育工作的开展应以坚实的理论基础、富有远见的政治底气以及丰富的实践经验来逐步引导当代大学生们正确认识中国特色社会主义，加快现代化社会的发展进程，提高人们的生活水平。

在多元文化的新媒体时代背景下，高校应始终明确社会主义制度，遵循马克思列宁主义思想的指导，维护主流意识的绝对权威性，防止其受到多元文化的影响。高校如果想以政治教育层面为突破口来对当前的思想政治教育工作进行创新，必须深刻地贯彻落实全面协调可持续的科学发展，自觉把握"五位一体"的整体布局，促进现代社会主义建设事业各个方面的相互协调与发展，增强"四个意识"、坚定"四个自信"、做到"两个维护"。

（二）思想道德教育：优化基础性内容

作为思政教育工作的根本内容，思想道德教育的主要内容是培养学生形成正确的世界观与方法论，重点在于解决一些主客观相符合的问题。一般情况下，高校的道德教育主要包括规范行为、内化道德、培养学生的道德情感等。高校应正确地意识到，优化思想道德教育内容结构的关键并不在于认知规范，而是道德的内化和实践，学生要能养成主动用道德规范来约束自身行为的良好品格，不断提高自己的自律能力。

1.要突出社会主义核心价值观教育

社会主义核心价值观是指人们在社会主义制度下，对价值的性质、标准、构成以及评价所持的态度和看法。人们从主体需求角度出发，考虑客体是否能够满足主体的这种需求以及如何才能满足，并且考察社会上各种物质、精神文化现象和主体的行为对个人、社会群体等产生的意义。新媒体背景下，高校必须从大学生思想状态的实际情况出发，坚持社会主义核心价值观，引导大学生树立正确的价值观，科学指导其日常生活与学习。党的十八大精神分别从国家、社会以及公民三个层面对我国社会主义核心价值观进行了高度概括，高校有必要及时转变传统的教育观念，牢固树立社会主义核心价值观的指导地位，积极探索创新先进的教学方式，做好大学生思想政治教育工作，全面践行道德规范，培养学生形成良好稳定的行为品格。

2.要坚持与深化立德树人教育

党的十八大以来，以习近平同志为核心的党中央审时度势、高瞻远瞩，坚持把立德树人作为教育的根本任务，强调"为谁培养人、培养什么人、怎样培养人"始终是教育的根本问题，汇聚起为党育人、为国育才的磅礴力量，为中华民族伟大复兴提供了强大的人才保障和智力支持。习近平总书记指出，培养什么人，是教育的首要问题。党的十八大以来，我们党提出培养担当民族复兴大任的时代新人，强调德智体美劳五育并举，坚持德育为先，促进人的全面发展。培养担当民族复兴大任的时代新人。党的十八大以来，新时代、新世情、新国情，赋予教育新使命，也对教育"培养什么人"提出了新要求。习近平总书记在党的十九大报告中提出，"要以培养担当民族复兴大任的时代新人为着眼点"。在全国教育大会上强调"六个下功夫"："要在坚定理想信念上下功夫，要在厚植爱国主义情怀上下功夫，要在加强品德修养上下功夫，要在增长知识见识上下功夫，要在培养奋斗精神上下功夫，要在增强综合素质上下功夫。"[①]在学校思想政治理论课教师座谈会上再次明确，"努力培养担当民族复兴大任的时代新人，培养德智体美劳全面发展的社会主义建设者和接班人"。

3.要加强公民道德教育

高校应重视道德教育，这是提高大学生综合素质的一项非常关键的基

---

①胡明.党的十九大精神研究专辑[M].北京：中国政法大学出版社，2018：35.

础性工程。在当前社会背景下，高校应从历史发展的客观规律和实际情况出发开展道德教育。此外，还应当遵循爱人民、爱国、爱党、爱劳动等基本要求，时刻牢记为人民服务的根本宗旨，以职业道德、社会公德及家庭美德等为出发点，坚持集体主义原则。在《公民道德建设实施纲要》中明确指出，作为中华人民共和国的一名合法公民，应时刻将爱国守法、团结友善、明礼诚信、敬业奉献以及勤俭自强作为自己日常工作学习中的基本行为规范，落实到公众生活的各个领域当中。该要求既富有强烈的时代气息，又充分彰显出了各个民族的鲜明特色。新媒体环境下，高校应加强大学生的公民道德教育，培养他们形成尊老爱幼、爱岗敬业、见义勇为的崇高道德品质，从而将社会主义精神发扬光大。除此之外，高校还应当使学生接受社会主义荣辱观的教育，帮助大学生明辨是非，正确划分善恶美丑之间的界线，形成拥有独立思想原则的良好品格。

4.要进行心理教育

目前，高校心理教育工作的内容主要涉及对大学生的心理健康进行知识性教育，提供咨询服务以及行为训练等，主要目的是为了提高当代大学生的心理素质水平，增强他们的个人意志，使其养成艰苦奋斗、坚韧不拔的良好品质，不断促进大学生综合素质的全面发展，从而能够更好更快地适应社会生活。在当前的教学形式背景下，高校将心理健康教育纳入思政教育工作当中是顺应社会发展的必然要求。就目前而言，高校在开展心理健康教育时应将重点放在指导学生的心理健康，提高他们的心理素质水平，使其形成健全良好的人格与乐观坚强的心态，以适应当今社会的激烈竞争。

5.要开展职业素质教育

职业素质教育是大学生思政教育内容的拓展延伸，在高等教育改革中占据了非常重要的地位。在当前素质教育背景下，高校应以职业教育为切入点，将其纳入大学生思政教育工作体系当中，不断促进高等教育的深化改革。通过建立这种长效育人机制，完善相关的组织培训与保障体系，能够在社会实践和勤工助学、创业、就业、学习等方面形成一种联合机制，充分挖掘第二课堂、实践活动等传统教学项目的内涵价值。对于高校而言，要想培养出符合社会经济发展要求的创新型人才，应积极探索创新实践形式，组织学生们参加志愿服务、社会调查、科技发明等各种实践活动，以增强他们的职业素质为根本目的，提高思想政治教育工作的实效性。

（三）文化素质教育：奠定人文素质根基

21世纪是信息化社会，随着科学技术的快速发展，大量的新媒体技术开始涌现出来，时代发展开始趋于快餐化，这也使得传统的伦理道德观念受到巨大的挑战。从文化角度来看，在目前世界多元文化的新媒体时代背景下，各国的传统文化都受到了不同程度的冲击，甚至有的已经影响到素质教育的根基。马克思曾明确指出：历史虽然由人类创造，但并非是在随心所欲状态下形成的，而是需要在一定的客观条件下才能被创造，并且这种条件是不能被人为选定的，只有当人们直接碰到这些已经确定了的条件时，才能创造历史。因此，给大学生思政教育工作带来的启发是，高校应对当前新媒体时代背景下的思政教育工作内容进行优化，大力弘扬中国传统的优秀文化，同时也要积极吸取国外思想道德教育的经验成果，赋予其新媒体时代的内涵，使思想政治教育工作与时代接轨，全面提高当代大学生的综合素质水平，继承并发扬中华民族精神。

1.继承和弘扬中华民族优良思想道德教育传统，并赋予时代意义

（1）生态道德教育

中国古代学者将"天""地""人"等看作一个统一的整体，突出强调了"天人合一"这一概念。作为我国最古老的哲学命题之一，"天人合一"的核心思想在于"天道"与"人道"，"自然"与"人为"之间是互通的。早在战国时期，孟子就曾提出过，人与天是相通的，人只要拥有足

够的天赋秉性，便能知晓天意；到后来庄子认为，人与天本来就是一体，之所以会形成分裂的状态是因为人类个体的主观意志打破了这种统一，所以人类要做的就是努力消除人与天之间的差异，实现"天人合一"的理想状态。在此之后，中国历代不乏一些优秀的哲学家与思想家从多个角度对"天人合一"这一思想进行补充完善，致力于探索实现天人相通的具体路径，促进两者之间的协调统一。"天人合一"这一古老的哲学概念对当今我们加强大学生生态道德教育工作具有十分重要的启发意义。

生态教育是一种全新的教育理念，在高校的思想政治教育工作中有着显著的应用成果，备受教育工作者们的青睐。在生态教育理念的指导下，高校教育工作者在开展思政教育时应当从人与自然、人与人以及人与社会等角度出发进行考虑，逐步引导大学生树立正确的思想观念，更好地在当今社会生存发展下去。在新媒体时代背景下，大学生要学会处理好社会各个领域中人与人、人与集体之间的关系，根据社会和集体的实际需求来改变自己的个人行为，形成一种相互依存、互相尊重的和谐生态环境，从而促进我国社会经济的快速发展。

在自然领域中，高校教育者要对社会领域中形成的道德规范与原则进行拓展，控制人类个体对自然的干扰行为，降低盲目性，进而构建出一个人与自然和谐相处、相互促进增长的人文生态环境，令大学生在人与自然的双生态环境中充分感受到保护环境、珍惜资源的重要性，并自觉养成良好的行为习惯，不断提高个人的道德素质水平。因此，在大学生思想政治教育工作中融入生态教育，不仅是拓宽思政教育内容，优化教学内容结构的需要，同时也是新媒体时代背景下高校思想政治教育在价值取向以及道德层面上的一种突破。

（2）人伦自觉意识教育

所谓的人伦自觉是指个体在对人伦关系认知的基础上能够自觉地体现对他人应有的回应、责任以及义务等，同时也能够充分尊重、理解、关爱他人，追求与社会中的其他个体融为一体，形成一个被社会所认可的更大的动态范畴。在如今新媒体时代，社会发展依托于网络技术、数字技术和移动技术等得以前行，生活在这样一种环境背景下的人们必然会不断地在现实与虚拟之间游走，世界观与人际交往关系等都受到不同程度的冲击。基于现实社会与虚拟社会之间复杂的人际关系，高校急需对大学生的人伦自觉加以引导以适应社会发展需要。大学生道德伦理教育存在于思政教育的每一个环节当中，具体包括处理好个人与他人、集体、社会和国家之间的关系，尤其是在新媒体时代，高校在建构思政教育内容体系时既要继承中国传统道德内核，活化德育资源，塑造鲜明的民族价值观取向，同时也要结合时代的发展精神，不断提高大学生的道德水平与责任意识，充分调动思政教育工作者和大学生主动参与教学活动的积极性，不断强化人伦自觉意识的教育。

（3）心灵和谐教育

"心灵"最早见于我国古代的《隋书经籍志》，古代人非常重视心的地位，认为是人身体上重要的思维器官，因而将人类的情感与思想等都称之为心。[1]从生理角度来看，心与人类的思维活动两者之间存在着密切的联系。关于和谐的定义，由古代典籍中我们不难了解到，古人认为，"和谐"即指社会生态系统内各个要素之间彼此顺和流畅，没有冲突纠纷，呈现出一副秩序井然的状态。而人类置身于这个大环境中，在与外界交往过程中与物质世界形成矛盾关系，这种矛盾往往被认为是人与他人、人与社会、人与自然间的一种特殊关系，在矛盾形成与发展的过程中，个体心智能够得到很大程度的磨炼，从而逐渐形成健全的人格。

当代社会，心灵和谐指向的是一种价值观的终极关怀，代表了一种崇高的精神境界，这也是我们提倡素质教育的最终目标。在新媒体时代

---

[1]张晔著.新媒体的崛起与高校思想政治课程改革[M].成都：电子科技大学出版社，2017：141.

背景下，高校应尤为关注大学生的心理健康，重视心灵和谐教育。对于大学生而言，接受心灵和谐教育的最终目的在于：一是净化心灵，选择科学的信仰并树立正确的价值观念和生活态度，实现内心的和谐；二是强化责任意识，养成诚实守信的美好品质，对于不同的观点态度应持包容态度，学会克制自我，为他人作出贡献；三是不断加强自我修养，培养温和、忠诚、友爱的思想价值观念，适应社会的实际发展需求；四是通过自我塑造，修身养性，在日常学习生活中主动关注生命，践行思想道德教育的重要内容，从而达到内心世界与现实社会两者之间的协调统一。简言之，心灵和谐教育能够令大学生自当前新媒体时代多元文化的视角下，正确把握社会主义核心价值观念，努力追求真、善、美，实现心灵上的和谐。

2.借鉴国外先进的道德教育经验成果，优化当前的教学内容结构

通过资料调查与研究，我们发现就目前国外已有的研究文献中，并没有明确提出"思想政治教育"这一词，但是却有着很多相关的概念研究，如"道德教育""公民教育""精神教育""宗教教育"等。由此可见，国外的教育学者主要是采取上述几种教育形式来对学生的思想政治状态进行正确的教育与引导的。作为在当今社会普遍存在的教育活动，思想政治教育有着极为重要的意义。从国外的教学实践当中，我们能汲取到很多有价值的教学信息，将其应用到我国高校的思政教育工作当中。例如，古希腊学者们认为，人类思想品德主要由四个要素组成，分别是勇敢、正义、智慧和节制，在此构想的基础上，科尔伯格、皮亚杰又提出了道德发展理论。这些都对我国高校思想政治教育活动的顺利开展起到了重要的推动作用，值得教育者们在今后的教育工作中加以借鉴和利用。

目前国外很多国家都将爱国教育、精神教育、法制教育和价值观教育等作为对大学生进行思想政治教育的主要内容。例如，美国是一个移民国家，但却十分重视爱国主义教育，渗透至中小学的一切教学形式当中，

国歌、国旗、总统画像等在美国学生的日常生活中几乎随处可见。除此之外，美国政府还投入大量资金修建了白宫、航天博物馆、国会大厦等标志性建筑物，将其作为开展思想政治教育的重要场所。对于美国的教育者来说，思政教育工作的主要目的是提高群众的凝聚力，规范法律行径，形成一种社会监督机制，进而推动教育领域的改革与发展。

在新加坡，小学教育阶段就设有"公民课"这一课程，体现了新加坡教育者对从小开展思想政治教育工作的重视，致力于培养学生的公民意识。为了促进思政教育事业更好的发展，新加坡政府还出台了《共同价值观白皮书》，明确提出了能够被各民族人民共同接受的价值观理念。当代社会，新媒体技术快速发展，国外的思想政治领域也发生了一系列重要变革，并取得了丰硕的成果，成为人类共同拥有的精神财富。在此背景下，我国高校在建构思政教育内容结构时应始终坚持开放性的原则，面向全世界，汲取优秀的思想道德教育经验，结合中国实情开展相应的教学活动，提高高校的教学质量水平。

三、媒体素养教育：拓展教育内容结构

新媒体时代下，高校要想对思政教育内容进行优化，加强学生的媒体素养教育是关键。著名原创媒介理论家与思想家马歇尔·麦克卢汉曾经在《理解媒介》中指出：媒介文化已然将文化与传播凝结为一个动态的过程，并且社会上每一个个体都参与其中。[①]新媒体技术凭借其强大的影响力逐渐改变了人们的日常生活方式，并且对现代社会价值观理念体系的塑造也起到了重要的推动作用。可以说，当今社会，加强大学生的媒体素养教育，不仅仅是为了强化他们的知识教育，更多的是强调节能和思维方法，这是现代公民所必须具备的一项基本素质。

---

① [英]尼克·史蒂文森著.认识媒介文化：社会理论与大众传播[M].北京：商务印书馆，2013：180.

目前，高校在思政教育工作内容构建的过程中融入媒体素养教育，这是新媒体时代背景下，培养大学生适应社会发展的必然要求。大学生群体是我国网络用户的主力军，然而由于受到社会阅历、情感特征以及知识结构等多方面因素的限制，导致他们对于网络信息的辨别能力较差，在解读信息时容易出现偏差，产生误解，进而受到一些不良信息的影响，动摇原本的思想价值观念。高校在针对大学生开展媒体素养教育时，应注重引导他们正确理解传媒的相关概念，有建设性地使用媒体传播资源，培养当代大学生对优质媒介的判断与解读能力，从而使其能够在多元化媒体环境下，合理利用媒体资源促进自我完善，积极参与到社会的发展中。在内容结构方面，教育者应重点突出以下三个方面：一是透过媒介解读教育，教师在教学过程中可以对一些典型案例进行深度剖析，帮助大学生更好地分辨网络上错综复杂的信息，正确辨别现实社会与虚拟社会，约束个人行为，不盲目传播一些未经证实或消极有害的信息；二是加强法律素养教育，教育者要强化大学生的法律意识，增加他们的法律常识，引导他们主动传播积极正面的信息；三是加强伦理教育，高校教育工作者应扮演好人生导师的角色，努力净化网络环境，担负起引导大学生成人成才的重任。

第三节　新媒体时代高校思想政治教育载体创新

新媒体背景下高校思想政治教育载体的合力生成过程是动态发展的，不仅需要广泛继承，还要不断创新。现阶段，选用适合的高校思想政治教育载体的合力形成方式，可从如下几个方面进行。

一、在课程载体上，设立网络教学服务平台及教育资源中心

相较于其他课程载体，高校思政课程载体有着一定的权威性、稳定

性，而教育者自身也具有较强的主导性，并且整个教学过程都拥有配套的评价体系。所以，必须要继承传统的载体运作方式，充分发挥知识灌输的功能，但仍要注意与新媒体技术的有机结合，进而使知识灌输更富创意。

（一）借力新媒体，开展学习资源设计

由于高校思想政治教育的具体内容涉及较广，因而可从政治、思想、经济以及文化等诸多层面来设计。为便于开展设计，教育者可将思政课程载体设计划分成三大部分，即主干内容、辅助内容和拓展内容。其中，主干内容部分的设计主要是指通过思想政治教育所传授的最重要的内容，它包括了《思想道德与法治》《中国近现代史纲要》《马克思主义基本原理》《毛泽东思想和中国特色社会主义理论体系概论》《习近平新时代中国特色社会主义思想概论》等众多课程。在实际教学过程中，教师应针对上述课程的共性特征（较强的政治性和思想性），充分利用好网络优势，以文字、图片、音频、动画和视频等现代化手段进行呈现，并且变抽象为具象，化枯燥为生动有趣，从而使高校学生自觉接受思政教育的洗礼，主动参与主课堂讨论。辅助内容部分的设计则涵盖了与主干内容有关的知识导入、评述和阐述等，譬如教学案、典型实例、链接网站和参与资料等。拓展内容部分的设计包括了教师指导与帮助、讨论与测试，譬如道德讲堂、成果展示、名师讲座等。思政教师通过不断丰富学习资源及精心设计教学内容，加强课堂教学互动性，进而实现高校思想政治教育目标，提升大学生整体思想政治意识。

（二）积极改进教学方法及手段

高校思政课堂教学的重点在于从根本上解决好大学生的思想问题，但这种思想理论是实践活动所不能实现的，需要依赖深度的理论课程教育

体系对学生进行科学的指导，以正确的理论知识武装他们，以深入浅出的道理说服他们，从而帮助新时代大学生运用马克思主义的立场、观点和方法来处理好日常学习或生活中出现的各种问题。由于高校学生的思想意识较为活跃且发展需求也较为多样，所以传统的灌输式教学方法难以吸引他们的注意力，进而使他们无法对思政教育内容产生兴趣。为此，思政理论课教师应积极改进并创新教学方法，变灌输式、被动式和封闭式教学为指导式、主动式和开放式教学。此外，教师还要根据大学生的身心特点及其实际需求，对不同发展时期所面临的具体问题进行集中解决，灵活开展教育教学实践，以此激发学生对思政理论学习的兴趣和热情。诚然，多元化的教学形式是十分必要的，如：翻转课堂、线上教学、线上线下混合式教学、分组讨论、红色走读、情景剧汇演、辩论赛、演讲朗诵比赛、社会调查等。这样一来，不仅让学生踊跃参与进来，而且也使得他们对所学的思政理论知识充满极大的兴趣。

高校思政课程载体，并非由思政理论课独自承担一切责任，各专业课教学也应除知识传授外，融入思想政治教育内容，也就是开展课程思政，与思政理论课同向同行，实现协同育人。高校课程中的思政理念作为思想政治教育的基础理论范畴，对思想政治教育的发展具有重大价值引领和内在规定的作用，其"全员、全方位、全过程"的本质内容以及立德树人的根本任务，在一定意义上彰显了思想政治教育的政治性、系统性、发展性、实践性等根本属性。"全员育人"是指教育者、受教育者、管理者、服务者等这些实体性教育要素，统一围绕着思想政治教育工作的教学、管理、组织、服务等相关活动，以人的全面发展为旨归而形成的合力育人理念。"全方位育人"指向思想政治教育空间，主要是指将思想政治教育贯穿到学生学习生活的各个方面，侧重于在思想政治教育现实关系空间中实现的综合育人效果。实现思想政治教育的整体性和学生的全面性发展，需要在现实关系的全面性中开展教育活动。"全过程育人"指向思想政治教育实践，主要是指将思想政治教育贯穿到学生学习和生活的始终，强调的是思想政治教育的过程模式。在"全过程育人"理念下，思想政治教育是围绕着人的思想动态展开的具有阶段性、系统性、开放性的教育实践活动，要以运动、发展、联系的眼光看待思想政治教育的生成、运行、演变。因而思想政治教育具有阶段性的发展特征。

在专业课教学过程中，适时渗透团队合作精神、人文精神、奋斗精神、创新思维和科学精神等内容。课程思政是以立德树人为目标，以社会主义核心价值观为引领，使各类课程与思想政治理论课同向同行，实现全员育人、全课育人的一种综合教育理念。布贝尔指出：教育者的最重大任务在于帮助塑造人的品格。①因此，课程思政体现了教育的本质，价值引领是教育的最高境界。课程思政绝对不是简单的"思政教育+课程教育"，而是价值塑造、知识传授和能力培养的统一过程。将思政课程与课程思政做一对比，那么思政课程是"显性教育"，课程思政是"隐性教育"；思政课程是"系统教育"，课程思政是"点滴教育"。两者方法与手段不同，然则目标一致，殊途同归。二者必须有机结合，互为补充，才能形成思政合力。课程思政中常用的是"案例形式"。无论何种课程，总可以找到一些与课程相关的"思政点"，如专业教育、学科背景、历史人物、重要事件、大国重器、重大成果等，可将这些内容做成案例形式。课程思政的元素还可以是身边的教授、大学校长、知名人士的语录，或摘自书籍、文章以及微信的一些佳句，课程思政的元素也可以通过教师创作的PPT课件得以传播，用于激励学生。因此，课程思政的实施是将思政元素与课程教学有机结合，使价值引领与知识传授无缝连接，如行云流水、春风化雨，起到润物无声的效果。

---

① 曹树谦.高校专业课教师如何做好课程思政：以《理论力学》为例[J].高教论坛，2021(1)：15-17.

二、在物质载体、管理载体上，构建导航系统与特色网站

高校思想政治教育在物质及管理上应构建导航系统与特色网站，也就是将校内物质要素（如学校建筑风格等）、制度要素（如管理服务等）与大学生共同分享。当然，其主要方式则为建立特色网站，比如在校园网络上设置"视频新闻""图片鉴赏""文字阅读"等专栏，不仅能将静态化的建筑风格以及院校风貌等以生动的视觉存在进行呈现，而且也能更好地传递出校园文化和精神。通过观看视频、点击图片、阅读文字等形式，既可以凭借其语言性和直观性逐渐影响高校学生的"三观"，同时又有利于他们在潜移默化中受到熏陶，激励其意志和提升其理性思维，监督其修身立德。通过创建管理制度栏目，以一种公开方式使大学生领会到高校管理制度所体现出的"依法治校"观念，进而有利于提高学生的法治意识，培养遵纪守法的好习惯。总之，该过程即为高校最为重要、最直接的隐性思政教育方法之一。

三、在校园文化创建上，不断拓宽校园文化的功能

校园文化应以高校学生为创建主体，以课余活动为承载内容，并且开展一系列积极的文化实践活动。健康的、和谐的校园文化具有重要作用，不仅可以净化高校学生的心灵世界，而且也可以美化他们的行为。在新媒体背景下，高校必须将新媒体技术引入具体的文化创建之中，不断增强文化内涵，拓宽校园文化作用。通过改进、强化高校思想政治教育的网络化、信息化以及数字化建设，促使新媒体技术与高校思想政治教育工作的协调发展，逐渐形成校园文化创建与思政教育信息的集中整合，从而进一步营造生动活泼的、积极健康的文化建设环境。例如，在高校文化创建过程中，可采取学术讲座、游戏竞技、艺术研讨会、辩论演讲等诸多形式，充分凸显现代大学生的精神风貌，但同时还要将鲜活的课题材料、优秀大学生的模范事迹等及时上传于校园网上，继而成为用户点击并学习的目

标，既发挥育人功效，又使得校园文化环境能有效健全大学生的人格。

四、在师资力量筹建上，搭建师生信息快速传递平台

教师对于学生的影响是巨大的，其关键在于教师所具有的理论水平、个人魅力等，但是这些都来自辅导员、班主任、任课教师的专业素质和道德力量。如果将传统意义上的谈话或咨询融入该模式之中，那么具体表现为辅导员、任课教师开通个人空间，上传辅导资源和教学材料，撰写原创博客文章，组织学生讨论热门话题，公开自己的联系方式，并且建立微信、QQ群，进而与学生形成心灵伙伴关系，同时也保持信息传递迅速、工作稳定顺畅。因此，高校思政教师应当持有"学为人师，行为世范"的理念，通过撰写文章、经营空间等诸多手段，充分体现自身的政治素养、教育能力，不断提高外在形象，坚持以科学的思想方向、严肃的治学态度、高尚的道德情怀以及成熟的人格魅力来影响学生的政治素质和道德责任感，让他们心生理性反思，进而达到共鸣状态，当然这对整个思政教育而言，很可能会产生神奇之效。

五、在载体合理延伸上，注重媒体平台的建设

（一）校园网络建设

在新媒体背景下，抢占高校意识形态阵地最便捷和直接的举措则是校园网络建设。同时，这也是高校思想政治教育开展学生工作的基础性工程，即将高校建设成传承先进文化、弘扬主旋律的平台，积极发挥网络思想阵地的重要作用，不断拓宽意识形态主阵地、大学生服务渠道，引导全体高校学生成长、成才和成人。为进一步确保成立大学生思政教育通道，各大高校应认真定位校园网络的功能和性质，校园网络理应是高校学生资源共享、经验交流、情感诉求、翻阅资料以及线上学习的综合服务平台。

所以在此基础上，校园网络需要承担思政教育责任以及功能。总而言之，在校园网络建设过程中，必须注意如下几个方面。

1.契合大学生需求，充分发挥校园网络的服务功能

在新媒体背景下，高校校园网络应当是主要渠道，运用校园网络开展思政教育活动逐渐成为当前最为快捷的、高效的思政教育方式。校园网络并非只具有查成绩、发通知等作用，而应是集关怀性、趣味性、知识性以及思想性为一体的平台，同时也是一个覆盖面较广、融载量较大以及服务功能较强的教育载体。所以，高校学生可以随时随地获取一些与生活、学习相关的讯息，同时也可以满足他们的精神文化需求。

2.创建思政教育专题网站，走校园网络特色专栏之路

专业度较高的思政教育必须通过创建专题网站来实现，所以专题网站的重要性不言而喻。由于专题网站可以将党和国家的路线方针、理论政策等渗透到思政教育之中，在弘扬主旋律的基础上，进一步利用典型的案例，引导高校学生形成坚定的社会主义信念，促使他们不断发展。

3.及时更新信息栏目，吸引大学生的注意力

在新媒体背景下，信息逐渐呈现裂变的发展趋势，校园网络若要留住大学生，让他们停留于网站上，就必须及时更新信息栏目，吸引学生的注意力，不断完善网络课程库（比如教学资源库、软件库等）。与此同时，还应以大学生为本，针对他们的日常生活、心理咨询以及就业指导等诸多方面进行线上交流，利用网络媒体优势，开展一系列学术交流、艺术探讨、科技交流和文娱活动等。校园网络的服务宗旨在于为促进师生交互搭建便利平台，逐渐拉近师生双方的内心距离，进而帮助教师找出并解决当下大学生的身心问题及生活问题。

4.发挥教学主体优势，投身校园网络建设

校园网络建设不单单是学校及全体教职工的事情，而高校学生作为其服务对象，理应成为校园网络的"当家人"，所以必须积极参与校园网络

建设的各项活动中，增强自我参与、建设、管理、维护和完善等意识。鉴于此，高校及教师应注重培养大学生参与网络建设的兴趣和热情，不仅可以充分运用网络资源，开展思政教育活动，而且还可以用学生的头脑智慧来促使校园网络建设朝着宽领域、高层次和全方位的方向发展。

5.时刻关注网络舆情，积极引导舆论发展

新媒体的追捧程度较高，其原因在于新媒体传播常常伴着某种思想，受众者学会了如何从被动接受教育信息变化成自觉接受与参与，而且也会对自己关注的话题或信息进行及时跟帖，能够正确表达出自己的思想观念，质疑或反对一些建议等。因此，高校思政教师应时刻观察网络舆情，密切留意网上动态，全面了解学生的思想情况，积极引导舆论发展，通过理性判断与分析，努力消除负面信息的不良影响，从而最大程度地降低对学生思想意识的腐蚀程度，促进他们健康成长与发展。

6.充分利用各种手段，严格管理校园网络

由于新媒体具有较强的开放性、交互性、高效性等，因而使媒体管理就变得极为复杂。所以，必须认真学习有关互联网的法律法规、规章制度，善用技术、法律和行政等方面的手段，科学管理校园网络，严禁各类不良信息散布于网络。此外，还应定期开展网络整治工作，对高校学生进行必要的用网安全教育，从而进一步确保校园网络信息的可靠性、安全性和有效性，同时也为大学生提供健康和谐的网络环境。

（二）手机媒体、即时通信、SNS等建设

1.手机媒体

在新媒体背景下，尤其是信息时代的来临，手机逐渐成为一类独特的复合性媒体，因其具有较强的传播优势，截至2021年6月，我国手机网民规模达10.07亿，较2020年12月增长2092万，利用手机设备上网的人群分布也较为集中，其中青年群体占较大比重。微信、新闻订阅等是手机媒体

广泛使用的基本形式。大学生作为手机媒体的忠实群体，他们常常二十四小时微信、QQ、抖音、微博等诸多社交媒体不离线，与好友保持紧密联系，不仅充分发挥手机自身携带的人际交往功能，而且也拉近了用户与社交网络之间的距离。所以，高校思想政治教育工作者应不断探究手机短信、新闻订阅等在思政教育中的运用，并借助手机媒体开展一些思政教育活动。第一，建立高校手机平台。高校信息部应健全信息管理系统，创作校内手机新闻报，将学校最近发生的新闻以手机短信的形式传递给每一位学生。目前，大部分高校会在录取通知书里夹带学校为新生统一配备的手机卡，并且将之纳入信息管理系统，直接与校园网络进行绑定，既有利于增强学生与学校之间的交流沟通，而且也为传递主流思想观念提供了必要的平台。第二，提高针对性，创造更多的手机思政教育资源。由于高校大学生所使用的手机几乎都为智能机，具备多种功能，所以学校可运用手机图片、杂志、音频以及视频等诸多形式，制作可供手机客户端使用的思政多媒体课件，当然也可基于不同的手机媒体来开发出思政软件系统，利用现代化通信技术成果，不断增强教育的感染力以及吸引力，从而进一步提升思政教育的针对性和时效性。

2.即时通信（IM）

即时通信(IM)作为一种有效的软件执行手段，其主要依赖于网络、移动通信等平台，它是集文字、图像、音频、视频于一体的多元信息格式，并且通过多个终端的相关技术来实现跨越不同平台的一种高效率、低成本的通信工具。从装载对象的角度而言，即时通信可以划分成手机端即时通信、电脑端即时通信两种，前者主要有短信、网站和视频等，比如米聊、歪歪语音、QQ、百度、新浪、网易、MSN、微信、盛大等多种应用形式。

近几年来，即时通信凭借其较强的实时交互性、真实的沟通情境、自由的传播渠道以及群体交流功能等，被越来越多的人所接受和运用。它不仅可以加强网络信息沟通，而且还可以将聊天用户同网站中的具体信息联系起来。高校利用网站信息向目标用户群推送各类信息，迅速吸引他们对该网站的注意力，进而提高网站的点击率和访问量。上述这些都能让广大网民们爱不释手。据不完全调查统计，截至2022年6月，我国即时通信用户规模达10.27亿，较2021年12月增长2042万，占网民整体的97.7%。在大学生群体中，普遍运用钉钉、QQ、微信、微博等社交软件。为进一步发挥好新媒体的作用，必须把握以下几个方面。

第一，应当利用即时通信来缩短师生之间的距离，实现针对性交流沟通。高校思想政治教育工作者必须充分运用即时通信，不仅为大学生提供观点表达或情感吐露的空间，而且也能有效拉近与他们的距离。即时通信可以采用不同类型的交流方式，比如一对一、一对多和多对多。针对那些存在心理障碍的学生，高校思想政治教育工作者需采取这一方式来与他们靠近，全面了解他们的身心发展特点和现实生活状况，找出其症结所在，加强沟通交流，从而更好地因势利导，同时帮助他们纠正认知偏差，走出黑暗的误区。

第二，应当建立即时通信群组，加强群体管理和交流。高校思想政治教育工作者可与学生共同建立群组，比如微信群、钉钉群和QQ群等。通过创建群组，不仅真正意义上实现了多人交流，而且也可以对好友进行分类与管理，如组建班级群、学习群组以及班级群组等。除可以群组中聊天、群发消息以外，还有许多即时工具可提供其他服务项目，比如群共享等，用户们在群空间里运用相册、文件和论坛等共享交流方式。在新媒体背景下，由于大学生的交流互动减少以及班级意识淡化，所以很容易出现集体荣誉感、社会责任感等严重缺乏的问题。但是，运用群组功能，可将集体直接搬到网络上，构建基于交流和互动的活动平台。与此同时，高校学生在群组内开展交流与讨论，既不受传统课堂教学的时空限制，同时又能与其他同伴进行对话、合作和交流，从而进一步体会到集体力量的强大、师生之间浓浓的情谊。由此可见，该种方式不仅快捷便利，而且能达到最佳教育效果。

3.社会性网络服务（SNS）

在百度百科里，关于社会性网络服务的定义有3种，其英文全称为"Social Networking Services"，专指引导人们构建社会性网络应用服务体系。第一种定义是社会所既有的、成熟的信息载体，譬如短信SNS；第二种常用来指"社交网站（Social NetworkSite）"；最后则界定成一种分布式技术，即"社会性网络软件（Social Network Software）"，简单说来就是利用P2P技术来创建下一代网络软件。其中，第二种解释的"社交网站"，专门指导人们构建社会性网络应用服务，比如人人网、开心网以及朋友网等，这些都是社交型网站。社会性网络服务平台的核心理念是构建用户群体的人际网络，所以这一平台更注重用户的现实性。由于用户ID已经实名制进行认证，因而信息的有效性较高，涵盖了博客、E-mail、即时通信等诸多传统网络应用，并提供微博、游戏等现代化互动应用，逐渐成为网络最新发展潮流，同时也是人们日常生活、学习的必要载体，进而赢得广大学生的追捧和喜爱。

高校思想政治教育工作者必须准确预测这一发展趋势，积极在学生经常聚集的社会性网络服务网站上进行实名注册，促使教师将此类网站当作素材搜集、思想吐露、观点表达和授课学习的综合性平台，共享教学资源和教学心得，从而让大学生成为思政学科知识库，逐渐建立师生互动系统，以更为丰富的教育内容来吸引学生，以更为积极的思想指导学生。

（三）创建网络微德育平台

网络微德育的内涵极为丰富和深刻。单"微"字就具有重要含义，从哲学角度上而言，"微"是指温暖、生命本微。而微德育是拓宽高校思想政治教育功能的主要体现。在新媒体背景下，就高校学生而言，他们所感兴趣的并非是高深莫测的德育理论、严谨的德育学科，而应是草根化的、个性化的交互平台和信息系统，不仅时刻刺激其神经体系，而且也影响其价值理念。所以，创建网络微德育平台，既有利于充分彰显新媒体的功能与价值，而且也有利于最大限度地发挥高校思想政治教育合力。基于上述探讨，现阶段，我国各大高校在创建网络微德育平台上应注意以下几点。

1.认真洞察微现象，找出微问题

发现问题不仅仅是提升思想观念的过程，而且也是凸显高校思想政治教育工作者业务能力的过程。网络微德育工作者应当仔细观察高校学生在日常生活、学习中的一些微小现象，从中紧紧抓住思政教师在生活、学习过程中容易被遗忘的环节，并且提炼成具体的问题，分析其产生的内外部原因，妥善进行处理，以此提高大学生的思想道德品质。例如，课堂教学"三不动"、破坏公共设施、食堂吃饭或上电梯不排队、不避让等不良现象；生活中随意拿其他同学的东西、午休时间大声吵闹、恋爱受挫问题、内心郁闷而无处释放等消极行为；人格自闭、自杀倾向、人际关系紊乱不佳、不关注集体以及双重心理等。鉴于此，这些不良现象或问题等要求高校思想政治教育工作者应结合学生的实际情况，认真收集有关数据，深入分析问题出现的原因，并且针对不同的问题提出对应的网络微德育措施。

2.组建微组织，创造网络微平台

组建微组织是高校在新媒体背景下开展微德育的核心环节。因此，必须建立符合高校发展要求的微型组织，以此为实施微德育提供必要的组织保障。例如，以班级为基层单位，可成立党团小组，学生之间可创建微型活动社团；在组织运作中，应将常规制度渗透到微型组织章程之中，推动校园大型活动向常态性活动的积极转变。与此同时，高校学生组织是动态发展的，各小组成员通常可以相互调换和借用，从而能够快速分享体验和感受，充分发挥高校网络微德育的长效作用。

除此之外，还需要拓宽渠道，建造网络微平台，这是高校在新媒体背景下开展网络微德育的切入点。思政理论教育注重交互渠道的通畅性，通过基于现代化新媒体技术的信息平台进行实现。其中，微博凭借其独特的传播方式、多元的表达方式、个性的创作方式、真实的体验方式以及缜密的媒体方式等优势，为高校网络微德育的运用提供技术支撑。比如，在思政教育博客或专题博客上，高校微德育工作者都可利用标签技术、聚合技术等，应用到具体的专题或话题中，鼓励大学生积极问答、对话和交流，主动参与评论叙述，进而实现资源共享、各尽所能、教学相长和团结合作。

3.激发微活力，开展微活动

就高校思想政治教育而言，与传统课堂渠道相比较，基层文化活动无疑是最重要、最有效的教育载体，丰富的校园文化活动在充实大学生的课余生活的同时，还进一步增强了他们的心智能力。但毋庸置疑的是，当前很多高校往往存在这一现象：几乎所有的活动仅有个别积极分子是活跃者、主力军，一般多为班干、学生会代表、社团人员等，而大多数学生都不愿主动参与，只是在旁观望，更有甚者表示冷漠。随着新媒体技术的不断发展和创新，人们的文化需求逐渐得到改变，这就意味着思政教师应锻炼大学生的综合素质，引导他们形成高尚的思想品德，从而促使微活动的开展。为进一步落实高校思政微活动，目前应在以下几个方面进行改进：其一，就活动组织而言，应当充分发挥高校学生的主体参与作用，坚持以学生的实际需求为教育方向，精心策划并组织课堂教学环节，从而进一步增强教学主体力量，积极探索各种形式的思政微活动；其二，就活动方法而言，应当选择那些难度较低的活动，多安排低门槛、容量大的教学实践活动，以此让更多的高校学生主动参与到活动中来；其三，就活动内容而言，应当适度包容，尽力满足大学生的多元需求，对有些不被人接受的微活动，必须加以引导与整合，从而增强他们的归属感、主人翁意识，同时彰显德育关怀。

　　总而言之，在新媒体背景下，创造网络微平台是一次重要尝试，但值得注意的是，在教学定位上，不仅要结合学生的实际发展特点，而且还要同他们的未来发展相吻合；在教学设置上，不仅要建立微型化教育体系，充分满足大学生的多元选择，同时还要参与各种微德育体验，进而引导他们自觉遵守道德约束。

第四章　新媒体时代
高校思想政治教育共享社区模式

第一节　新媒体时代高校思想政治教育共享社区模式理论基础

一、"共享社区"模式的提出与特征描述

学者们注意到，今天飞速发展的新媒体技术，不仅极大地促进了虚拟社区的形成和扩展，更重要的是由于虚拟社区网络与互联网紧密结合，为人们提供了贡献他们的知识和获得他人知识的网络环境，在这样环境中的协作过程涉及大量在线知识的发现及协作者间的知识共享。但许多网络社区并没有满足人们知识共享的期望。影响有效知识共享的两个障碍是寻找相关知识的困难、寻找能进行交互的协作者的困难。在今天，人们越来越意识到在网络社区中确立"共享"理念的必要性。

正是基于网络社区的现状，才有必要将"共享"理念"引入"到高校思想政治教育领域。所谓"共享社区"，不是因共享的地理空间而形成的社区，作为一种学习共同体，它是基于共同的兴趣而建立的社区，其最重要的要素是共享的资源、共同的价值观和互惠的行为，甚至还包括共同的规则。

在新媒体时代，高校思想政治教育融入"共享社区"的理念，并且作为高校思想政治教育的新型模式来构建，具有创新性。首先，它意味着教育者与受教育者在知识、智慧、经历、体验、价值观等思想观念、精神境界以及教育过程、成果等方面的全面共享。其次，它意味着多方间的关联性，通过多个个体之间的相互连接、接触和关联，形成一种关系网，一

种道德圈。在思想政治教育视阈里，"共"，既包有多层次、多向度的联系，又体现了"共同"情结下与自然、社会、他人间共生共存的关系。"享"，则体现的是思想政治教育本身及其过程不再只是规范与约束，而是共同体中对更愉快生活方式的追求。再次，它意味着将使高校思想政治教育的过程不再是受教育者"储蓄"知识、技能的过程，而是在表达与共享的"学习"中，个性化地表达自己对道德生活的理解并得以评价，形成德育过程中彼此交流的共同体；同时也将使高校思想政治教育的教学资源和设备的功能无形间增大，极大地提升思想政治教育的层次和水平，从而增强高校思想政治教育的实效性。

基于以上对高校思想政治教育共享社区模式归纳出以下四个特点：

（一）知识共享

这里所说的知识，既包括自然科学知识，也包括社会科学知识。作为思想政治教育共享社区，它所要共享的知识更多的应当是思想道德方面的知识，如大学生所必须遵从的基本的道德规范、政治制度等。此外，还应包括对于思想道德修养以及个人品质自我提升的方法的传授。新媒体时代，由于网络技术的作用，每个主体都同时会成为教育者，或者自己向别人陈述是通过何种途径、方式和方法取得某种良好品质，或者别人通过网络技术也能了解到自己的成长轨迹。这种"共享"，不仅会直接指导他人，而且会发生重要的示范和激励作用。

（二）生活共享

这里所说的生活，是由人的生活经历、生活感受等方面组成的。随着现代社会生活节奏的加快，面对面人际交往的疏远，人的精神世界相对贫乏，人们有着分享体验、经历、情感的强烈愿望。共享社区为当代大学生提供了一种描述体验和分享体验的平台，他们可以在这里相互倾诉、交流，在彼此体验和情感的共享中感受人生、体味心灵的美。在共享社区中，大学生们不仅可以共享到来自现实生活的鲜活的真实生活体验，而且也能够关注到那些不在场的因素，让它们同样发挥着对受教育者自身、对他人的教育作用。

（三）资源共享

在高校思想政治教育长期的实践中，教育资源的利用实际上存在着三种状况，即"先有再用""先用再有"和"只有不用"。在新媒体时代，社会信息传递正由历时传递转向共时传递，高校思想政治教育工作者已经失去了获得信息资源的优先权与垄断权，资源的开放性、交互性已成为时代的一个显著特征。在共享社区里，书本、报纸杂志、师生课堂的讲述与对话、日常交往行为过程、网上教育资源、教师与学生的博客等，都成为开放性的资源，以供受教育者利用或借鉴。共享资源的开发利用，改变了高校思想政治教育资源管理的封闭局面，通过新媒体载体的多样化、利用主体的范围拓展，凡有利于高校思想政治教育目的和目标实现的各种要素都可以成为思想政治教育资源的重要组成部分，充分实现了思想政治教育资源的应有价值。

（四）过程共享

促进人的全面发展和个人幸福的获得是思想政治教育最根本的目标和价值体现，同时个人幸福的获得又是思想政治教育效率提高的动力和有效手段。在高校思想政治教育的过程中，每个人都是主体，只要每个人都能够对体验、情感、认知、行为等的感受达到内容上相契合、心理上相悦纳，那么思想政治教育就可以真正成为共享的过程，这种共享也会极大地促进高校思想政治教育的效果和效益的提升。而共享社区正是提供了这样一种情景：大学生们在相互倾诉、交流的同时，更多的是在这个过程中去感受其中的幸福，体验其中的快乐，一起共享生活与人性中的美好，从不同的角度欣赏每一种存在方式的美丽。正是这种积极、正面的共享式的过程体验，有效地增强了大学生的自信心，使他们的道德情感在愉快的共享情境中得到升华，高校思想政治教育的效率也得到了提高。

二、新媒体时代高校思想政治教育共享社区模式构建的理论依据与现实意义

（一）新媒体时代高校思想政治教育共享社区模式构建的理论依据

共享社区的理论基础，主要基于以下三点：

1."自由人的联合体"思想

和谐社会是一种"共识，共建，共享"的社会，这可以追溯到马克思关于三大社会形态的理论。马克思社会形态理论在人学具体展现为三大社会形态理论。在《1857—1858年经济学手稿》中，马克思在更加深入研究的基础上，形成了他关于三大社会形态的经典论述："人的依赖关系(起初完全是自然发生的)，是最初的社会形态，在这种形态下，人的生产能力只是在狭窄的范围内和孤立的地点上发展着。以物的依赖性为基础的人的独立性，是第二大社会形态，在这种形态下，才形成普遍的社会物质交换、全面的关系、多方面的需求以及全面的能力体系。建立在个人全面发展和他们共同的社会生产能力成为他们的社会财富这一基础上的自由个性，是第三阶段。"[①]在三大社会形态理论中，马克思不仅对人的发展过程做出了系统的阐述，还指明了实现人的最终解放的正确途径和方法。他将自由与道德、自由与正义、自由与社会形态紧密相连，试图在个人与整体、权利与善的张力中寻求社会的和谐境界。马克思曾明确指出"代替那

---

①马克思恩格斯全集（第46卷）（上）[M].北京：人民出版社，1979：104.

存在着阶级和阶级对立的资产阶级旧社会的，将是这样一个联合体，在那里，每个人的自由发展是一切人的自由发展的条件"。①马克思的"自由人的联合体"思想蕴含着两个维度：自由的个人与和谐的共同体，它展示了人—社会—国家—共同体这四个因素的内在统一。只有在共同体中，个人才能获得全面发展，也就是说，只有在共同体中个人才可能有个人自由。这为大学生思想政治教育共享社区模式的创建奠定了一定的理论基础，实际上就是要创建一个思想政治教育共同体，在这个共同体中，以人的自由而全面发展为终极目标，以跨界思维为理性向度，以教学、科研、服务学生为重点，以资源共享与整合为手段，使得教学资源和教学设备的功能无形间增大，提升思想政治教育的层次和水平，增强大学生思想政治教育的有效性。

2.多维博弈人性假设理论

以"理性经济人""社会人"到"自我实现人""复杂人"假设为基础的西方管理理论发展演变的历史表明：对人性的基本看法，从根本上影响着管理思想、管理制度和管理方式、方法的发展。事实上，任何一种教育理论，不论是自觉的还是不自觉的，都必然是以某种人性假设为基础的。

多维博弈人性假设是在总结传统人性假设的基础上提出的全新的人性假设理论。它以人的有限理性为基本前提，提出"博弈人（Game Man）"概念，认为管理中的行为人的人性表现具有多维性，在特定管理场中，行为人会根据其他行为人的人性表现来调整自己的行为取向，从而形成管理互动。②这里的"维"是指工作、生活、社交、爱情、家庭等方面，在这些方面每个人都会有不同的表现，正确对待和理解人的多维需求是管理的基础和前提。因此，教育工作者应承认每个学生有不同的道德水平、不同

①马克思恩格斯全集（第4卷）[M].北京：人民出版社，1972：294.

②郭咸纲.多维博弈人性假设[M].广州：广东经济出版社，2003：25.

的责任感、不同的知识水平，以及不同的潜在发展能力。教育方式应当灵活多样，有的放矢，应当适合于受教育者的特定情况，做到具体问题具体分析，切实为受教育者服务。

3.集聚效应理论

按照经济学的理解，集聚效应理论有两个层面的含义：一是经济体在世界经济场中，对于某项需要的优势资源要积极地吸收、运作、整合和积累，即集聚资源；二是经济体要调整自身的优势格局，通过协同作用产生集聚效应。集聚效应是一种常见的经济现象，知识管理中也存在着集聚效应。以网络社区的资料推荐和索引为例，如新帖一览、精华资料、首页推荐、搜索排序等，通过许多不同方式的集聚组合，可以使特定的资料更容易让更多的人看到并且关注，通过这种关注又进一步强化了其地位，获得更为有利的位置，形成正反馈效应。例如，打开"西祠胡同网络社区"主页面，可以看到较多关注的知识成为精华被推送到胡同口，让每个访问者在一进入社区就看到，这种不断强化的优势就会集聚很多人的关注。这种效应使得组织中对知识的传播和共享的控制成为一种可能。高校思想政治教育应通过创建共享社区，吸引、积累和配置与思想政治教育相关联的要素，实现正确的思想观念、高尚的精神境界、动态的教育过程、优质成果等方面的全面共享与互动。

4.资源分享理论

随着可持续发展理论和知识经济学说的形成和发展，人们延伸和拓展了狭义的自然资源的概念，提出了泛资源的概念。泛资源是自然资源概念的延展，是指人类或非人类有用或有价值的所有组分的集合，包括自然资源、人力资源、智力资源、信息资源、网络资源、科技资源、教育资源、时间资源、空间资源、政治资源等各种具有社会属性的资源。由于不同的社会主体都有对资源的享有愿望，在资源配置过程中，这些社会主体便构成了竞享元（竞享元是指泛资源所对应的广义主体）。因此，凡对泛资源有分享需求的任何对象均称为竞享元。资源配置实际上就是指泛资源在不同的竞资源之间的分配，其目标就是通过合理地分配资源，使资源利用达到最优化和资源分享。[①]

（二）新媒体时代高校思想政治教育共享社区模式构建的现实意义

新媒体时代，构建高校思想政治教育共享社区模式，具有以下四个方面的现实意义：

1.有利于打破时空限制，突出大学生思想政治教育的过程性

思想政治教育本身是一种过程性的教育，这种过程性，不仅仅是在课堂教学中，比如，一首积极健康的歌、一幅唯美的图画、一句扣动心弦的话语、一则动人的故事、一个崇高的榜样……这些信息来自不经意的鲜活的生活体验，都可能会产生一种真善美的感染力。新媒体依托数字技术、计算机网络技术和移动通信技术而形成了巨大的共享社区，教育信息传播即时、开放，较之以往任何一种传播技术和交流工具，都有根本性的跨越，这为突破时空限制的校外教育提供了可能。

2.有利于提高主体性，打造大学生思想政治教育学习共同体

共享社区，可以增强思想政治教育主体的自由选择权，一定程度上将调动他们的主观能动性。从学习者的角度来说，学习者知识技能的获得，必须通过群体才能得以实现，通过专家、同伴间的互动。学习是与群体或者环境相互合作与互动的过程，个体与特定的社会团体之间的相互作用是学习途径和方法的核心所在。个体在学习过程中，通过直接或间接的方式学习或者传递共同体经验与社会规范，从而不断地锻炼意志品质和实践能力，塑造自己在学习共同体中的身份与关系。

---

①季海菊.新媒体时代高校思想政治教育研究[D].南京：南京师范大学，2013.

3.有利于集聚社会有限资源，提升大学生接受思想政治教育的公平性

现阶段高等教育的实况是，大学生由于受到学校之间的差别限制，所受到的教育状况是不公平的。一般来说名校教师的服务对象主要是所在学校的学生，而不能够发挥公共知识分子的作用。共享社区能够迅速集聚社会有限资源，使得教学资源和教学设备的功能无形间增大，达到提升高校办学层次和水平、降低办学成本的目的。这既是高校加快自身发展的内在需求，也是现阶段高等教育发展的战略选择，不仅有利于各高校学生共享优秀教师的权利，为优质资源共享提供了可能，而且为提升大学生的思想政治素质提供了一个新平台。

4.有利于引导正确的文化选择，营造大学生思想政治教育的文化环境

当代大学生面临着多元文化的选择。文化选择的正确与否，不仅关系着大学生思想政治素养的提升，也关系到大学生人生道路的选择。要使文化选择有利于大学生的健康成长，就必须引导他们不断增强文化的鉴别能力。在思想政治教育共享社区里，呈现给大学生的是思想文化盛宴，他们有机会接触到外校优秀教师的精品课，体会到不同大学的人文特色，感受到不同文化之间的碰撞。这为全面提升学生的科学、人文素养和文化品位，开阔社会人生视野，提供了可能。

第二节　新媒体时代高校思想政治教育共享社区模式的结构与运行

高校思想政治教育共享社区模式的构建是一个系统工程，它涉及方方面面，需要综合考虑、分项实施，而建构好组织结构和运行机制又是其中最为关键的一环。

一、新媒体时代高校思想政治教育共享社区的组织结构

新媒体时代高校思想政治教育共享社区的组织结构，从总体上可分为核心领导层、管理执行层和学习共同体三个层次。

（一）核心领导层

共享社区是高校思想政治教育的新型组织模式，如同其他组织形式一样，共享社区也需要有核心领导层。所谓核心领导层，主要是指整个社区中能够定义前沿问题的人或者组织，也可以是思想政治教育专家或者专家团，他们经验丰富、德高望重，是管理层思想领袖，他们负责提出意见或建议，指导制定思想政治教育话语传播的内容和方式，引导整个社区的发展方向。

（二）管理执行层

管理执行层是共享社区中最为关键的一个领导层次，他们负责整个社区的日常运作，可以分为信息协调员和新媒体支持服务人员，以辅导员、思想政治理论课教师、学生干部、毕业生党员为骨干，负责整合、编辑面向学生的相关信息。协调员一般由组织中受人尊重的成员担任，他们的任务是将先进的思想或者核心专家的意见进行分解，吸收外部专家以及与各领导协调工作等，并且对于整个社区中每天挖掘或者产生的新知识进行归并、整理。新媒体支持人员则负责系统的维护和更新等。

（三）学习共同体

学习共同体是共享社区形成的依托体，也是构建共享社区模式的基石。他们是由很多独立的学习小组组成的，可以是以班级为单位，也可以是以大学生社团为单位，每个社团都是由一些有共同兴趣或具备相同专业

背景的成员组成的,他们在基于新媒体的环境中进行自由的讨论,讨论的话题一般可以是社会热点问题,也可以是自己关心的各种话题。每个社团内部都要选举出2—3名管理员,以学生干部、毕业生党员为骨干,负责整合、编辑面向学生的相关信息,他们具有极强的意志控制力和逻辑思维能力且具有一定的说服能力,同时也是受大家尊敬的人。他们的任务是协助社区管理层的日常工作,审核其他成员的发言、引导学习共同体讨论的方向,以及整理这个共同体小组中各成员的成果等。原则上每个共同体之间没有固定的界限。成员可以自由进出其他的共同体。通过集聚各种优势资源,共享共建各种资源,从而形成一个兼容各层级的学习共同体。

二、新媒体时代高校思想政治教育共享社区的模式运行

当前,从高校思想政治教育的实际情况出发,共享社区的模式运行应做以下工作:

(一)注重三环对接,共建社区和谐化

1.大力推进思想观念的对接,达成思想意识共识性

新媒体时代的思想政治教育共享社区在认识上要达成共识。这是因为:一是资源的开放和共享,需要社区主体和个人达成共识。在传统意义上,社区组织所讲究的是上下级的关系,是纵向的,反映在思想政治教育中,则是受教育者的被灌输、被教育的关系。而社会的发展要求同时建立另外一种横向的结构,在这种结构里,各成员之间最重要的关系不是隶属,而是唇齿相依、共荣共损。任何一个成员都有义务、有责任为社区的发展做出力所能及的贡献,形成社区共建共荣的共识。二是有效抵御有害信息的侵蚀,需要社区主体和个人达成共识。随着经济全球化趋势的日益加剧和社会化程度的日益提高,尤其是新媒体技术的日益发展,信息沟通随之变得更加迅捷和广泛,各种思潮不断进行着冲突和

融合，如：国内传统文化和现代文化之间的冲突和融合；西方资本主义国家和国内政治、经济、文化之间的冲突和融合；理想与现实之间的冲突和融合；等等。主体意识不断增强的大学生是对这些冲突和融合最为敏感、也是最能产生影响的群体。因此，共享社区要以社会主义核心价值体系为引领，实现思想观念的对接，以达成社区主体和个人的思想共识，这是思想政治教育共享社区区别于其他社区的根本点，也是思想政治教育共享社区一切社区行为的基础。

2.强化认知与行为的对接，养成思想政治教育的行动性

共享社区是一个系统，为每个个体提供了一定的约束机制。在社会主义核心价值体系的引领下，利用共享社区系统所提供的约束机制，信息协调员可以通过各种途径将符合社会要求的政治观点、思想体系、道德规范灌输给受教育者，影响受教育者的认知，并转化为个体意识和动机。同时，在这个社区大系统中，通过各种约束机制，还可以促进认知与行为的对接，实现思想政治教育的内化与外化的对接，使受教育者把个体意识和动机转化为良好行动和行为习惯。

3.实现虚拟社区与现实社区的对接，增强思想政治教育的实效性

传统高校思想政治教育阵地在宣传主导意识形态和党的方针政策方面，发挥过重要作用，功不可没，但也存在着相对固定、覆盖面窄、信息资源滞后的局限性。新媒体具有最先拥有新信息、新资源和体现时代气息等优势，越来越成为开展高校思想政治教育最具时代性的新阵地。在新媒体所构建的虚拟世界里，有着共同兴趣爱好的大学生如鱼得水，这种便捷的交流沟通平台，为他们提供了一种新的交流方式、工作方式甚至全新的生活方式，新颖的社会组织形式越来越凸显出对当代大学生的影响力。共享社区管理执行层应把握这个趋势，充分利用新媒体技术，密切洞悉生活中的变化，尤其是要对那些反映时代特征的活动形式和内容予以格外关注，并结合思想政治教育的目标加以整合，将其纳入现实的思想政治教育

活动过程中加以引导和规范。

（二）聚合优质资源，加速共享资源集成化

在共享社区里，思想政治教育资源共享主要体现在以下几个方面：首先是共享优质课程资源。新媒体为思想政治教育课程资源的集聚提供了物质条件。首先，思想政治教育资源有一个集中的过程，包括教材、教案、课件、案例等教学资源的集中和分布式网络所提供的各式各样的学习资源的汇聚。共享社区中的信息协调员，通过各种方法，将这些资源进行集聚再到集成，通过整合，形成优质资源。其次，学习经历资源的共享。如前所述，在这个共享社区中，更多的是以学习共同体为主，合作与协作将做到优势互补。再次，学习体验资源的共享，在这个共享社区中，所有人都成为学习者和教育者，知识是在活动和互动中获得的，思想政治教育更体现了过程性。这种基于媒体化层面的资源集成更加具有人性化，更重要的是能满足每个学习共同体成员的个性学习需要，使每个人都能在这样共享的环境中渐进养成高尚的思想道德情操，逐步形成崇高的政治思想素养。

（三）构建新媒体多元化平台，促成思想政治教育扁平化

传统高校思想政治教育载体的形态可以划分为课程载体、活动载体、管理载体、大众传媒载体、谈话及心理咨询载体等。在思想政治教育共享社区里，除了应将这些载体进行科学整合、形成合力之外，还要进一步拓展新的思路。为此，需要积极探索思想政治教育新阵地，以新媒体为技术基础，构建多元化平台，畅通信息传送渠道，促成思想政治教育常规化。例如，通过搭建微博平台，促进社区组织各成员之间通过电脑或手机进行多层次、平等性的交流，及时把握学生动态，广泛开展网络舆情收集。再比如，通过"心灵驿站"等讨论版的建立，搭建与学生心灵沟通的桥梁。

在复杂的多元化背景下，个性张扬的大学生，遇到郁闷、烦躁、人际交往方面的困惑，他们并不太愿意直接面对面地和老师交流，类似这种情况，可以通过在线心理咨询，积极引导大学生树立正确和健康的生活观、人际观，帮助排解心中的纠结。时尚新潮的微信群共享或者讨论组，则给学习共同体成员提供了一个大众交流的即时空间，成为他们学习、生活中所喜欢的场所。成员和管理者的共同参与，为及时了解和解决学生学习、生活中的实际问题创造了条件，真正在虚拟的网络世界里架起了一道真实的师生心理沟通的桥梁。这种扁平化的方式，使高校思想政治工作的共享资源能够发挥更大的效益。

第三节　新媒体时代高校思想政治教育共享社区模式的运行机制

"机制"这一名词现已广泛应用于自然科学和社会科学的各学科研究之中，指其内部组织和运行变化的规律。当我们把这一概念引入思想政治教育学中，就意味着要从整体上去考察思想政治教育运动的规律。所谓从整体上考察，就是把思想政治教育作为各个组成部分的有机结合体去进行考察，考察它运行的原因、动力、功能和运行中与其他事物交互作用的状况等。我们研究思想政治教育的时候，往往先是分析思想政治教育的范畴、过程和基本规律、地位和作用、环境、对象、目标和内容，这种分析性研究是必要的，然而仅仅停留在这里还不够，要把思想政治教育的研究最后落实到机制上来，力求从整体上和运动中来把握思想政治教育现象的机能和特性。新媒体时代，高校思想政治教育共享社区的机制形态，是由领导机制、教育机制、预警机制、调控机制、保障机制、激励机制、约束机制等组成的，为保证机制的有效运行，当前要着力抓好以下四个机制建设：

一、新媒体时代高校思想政治教育共享社区模式运行的领导机制

领导机制，是高校思想政治教育共享社区模式运行机制的关键性环节。目前，许多高校的思想政治教育工作，只由党委管理并组织实施。这种运行机制难以做到把思想政治教育贯穿在教育的全过程，很难落实在教学、管理、后勤服务的各个环节。新媒体时代，要充分发挥高校思想政治教育的整体效能，就必须切实创新现行的领导机制。

（一）要建立和完善党委统一领导、党政齐抓共管、专兼职队伍相结合、全校紧密配合、学生自我教育的领导体制和工作机制

按照中共中央和国务院的要求，高校党委要统一领导大学生思想政治教育工作，经常分析大学生思想状况和思想政治教育工作状况，制订思想政治教育的总体规划，对大学生思想政治教育作出全面部署和安排。校长要对大学生德智体美劳全面发展负责，把思想政治教育与教学、科研、社会服务工作结合起来，同时部署，同时检查，同时评估。学校各部门要明确各自责任，密切协作，切实完成相应任务。学校基层党团组织要认真履行学生思想政治教育的职责，把加强和改进大学生思想政治教育的各项任务真正落到实处。

（二）要针对新媒体的特点，正确处理好与思想政治教育共享社区组织结构之间的关系

应当明确，思想政治教育共享社区的组织结构，是高校思想政治教育领导体制和工作机制的重要组成部分；同时，也是新媒体时代高校思想政治教育领导体制和工作机制的新形式和新体现。只有正确处理好两者之间的关系，充分发挥思想政治教育共享社区中的核心领导层、管理

执行层和学习共同体的作用，才能真正把中共中央和国务院的要求落到实处，才能使高校思想政治教育领导体制和工作机制为大学生群体所接受，也才能真正形成党、政、工、团、学分工负责、齐抓共管的思想政治教育工作新格局。

（三）要优化组织结构，加强部门联动，建立健全层级责任制

首先要抓好"三支队伍"建设。一是建设好一支稳定的党务干部队伍；二是建设好一支政治信念坚定、业务能力强的思想政治理论课教师队伍；三是从改善结构，提高素质入手，抓好以党员为核心的学生骨干队伍建设。面对复杂多变的网络社会，一些高校思想政治教育工作者知识陈旧，科研信息滞后，尤其是新媒体技术所知甚少的现状必须改变。因此，在思想政治教育共享社区运行的过程中，要建立一种对教育者实施继续教育的机制，使思想政治教育工作者始终走在思想政治工作的前列；同时，要积极选拔推荐一批既熟练掌握新媒体技术又具有思想政治教育相关专业的硕士、博士人才，让他们专职从事共享社区的思想政治教育工作。其次要加强部门之间的协调联动。高校思想政治教育领导机制的有效运行，需要各部门间的相互协调与配合。学校各部门应制订、完善有关规定和政策，明确职责任务和考核办法，真正形成教书育人、管理育人、服务育人的良好氛围和工作格局。任课教师要提高师德和业务水平，爱岗敬业，教书育人，为人师表，以良好的思想政治素质和道德风范影响和教育学生。学校管理部门要体现育人导向，把严格日常管理与引导大学生遵纪守法，养成良好习惯结合起来。后勤服务人员要努力搞好后勤保障，为大学生办实事、办好事，使大学生在优质服务中受到感染和教育。只有各部门密切协作，认真履行各自的职责，才能把加强和改进大学生思想政治教育的各项任务真正落到实处。再次要建立健全层级责任制。根据新媒体技术的特点和思想政治教育网络化的需要，

在领导干部和学生思想政治工作干部队伍中，一定要强化责任意识，系统制定相关的规章制度，明确权责关系，做到逐级落实，努力形成"党委领导、党政结合、强化行政、齐抓共管"的大学生思想政治教育工作一体化的运行机制。这样做，有利于高校党政领导掌控思想政治教育工作的全局，有利于把构建思想政治教育共享社区模式纳入党政领导的职责之中。

二、新媒体时代高校思想政治教育共享社区模式运行的预警机制

预警机制，是高校思想政治教育共享社区模式运行机制的保证。所谓新媒体时代高校思想政治教育预警机制，就是通过多种渠道，准确了解共享社区内的不同时期、不同专业、不同年级学生群体的思想动态和经济状况，分类储存不同信息，建立思想政治教育预警信息数据库，及时分布各类预警信息，增强高校思想政治教育的前瞻性和针对性。高校思想政治教育共享社区预警机制的建立，必须通过使用新媒体技术来实现。在预警机制的运行中，共享社区内的管理执行层肩负着重任。管理执行层要充分运用BBS论坛、网上调查、咨询热线、消费信息等形式，及时了解和掌握校园网动态，了解大学生对各种社会热点、重大国际国内新闻事件的评价和反应；同时也要通过浏览其他网站、BBS等形式，及时了解和掌握校外学生思想动态，为本校的思想政治教育提供有益的参考信息；最后，要及时将经过综合处理的动态和信息反馈给核心领导层。共享社区核心领导层要对反馈的信息进行分析研究，及时发出预警信号，并提出相关指导性的预警意见，为共享社区的管理执行部门及早提供应对策略，使不正确的认识和思想及时得到解决，引导高校思想政治教育共享社区模式健康发展。

三、新媒体时代高校思想政治教育共享社区模式运行的调控机制

调控机制，是高校思想政治教育共享社区模式运行机制的重要手段。当前，在实际操作中，共享社区调控机制的建立应坚持好"两个方针"。

（一）坚持好他律与自律相结合的方针

所谓调控机制，是指思想政治教育的调控作为一种有目的的教育实践活动，教育者采用符合教育要求的调整方法，改善受教育者的思想状况和教育环境，使其符合某种要求。新媒体时代，网络信息庞杂多样，良莠不分，因此，高校思想政治教育应建立他律和自律相结合的监控管理机制。所谓他律就是要建立和完善共享社区内的有关规章制度，规范网络动作，加强对局域网、校园网的管理，并充分利用现有的监控管理技术，通过防范、过滤、稀释和阻隔等手段，筑起网络信息防火墙，净化网络空间。所谓自律主要是提高学习共同体成员自觉、自愿的网络道德意识，通过加强自我管理、注重网络法制意识和责任意识的培养，提高他们自我服务意识，以规范网络行为，培养网络道德自律能力。

（二）坚持好技术监控和人员监控并重的方针

在具体实施中，要把握好三点：首先要制定好网络监控内容的标准，明确网络监控的对象和范围，否则会扰乱和破坏网络的自由空间，严重影响共享社区的生存环境。其次要实行技术监控与人员监控相结合，大力开发适应共享社区需要的监控软件，培养社区思想政治教育的专职监控员。再次要根据实际情况，适时地对共享社区的原定计划和方案进行调节、修正、补充与完善，通过优化调控，使思想政治教育的计划更加完善，内容更具前瞻性，重点更加突出，措施更加得力，方式更

加科学，效果更加明显。

四、新媒体时代高校思想政治教育共享社区模式运行的保障机制

保障机制，是对思想政治教育起保障作用的诸要素相互作用、相互影响、相互制约的一种关联方式，是高校思想政治教育共享社区模式运行机制的基础。当前，从构建高校思想政治教育共享社区的需要出发，应加强四个保障机制建设。

（一）内容保障

高校思想政治教育共享社区是以学习共同体成员为主要受众，要把社区建设成为他们向往的精神家园，真正发挥共享社区模式在高校思想政治教育中的作用，必须着眼高校实际，精心开设富有针对性和吸引力的教育内容。

1.建立思想政治理论课专题网站

高校思想政治教育共享社区建设应以马克思列宁主义、毛泽东思想、邓小平理论、"三个代表"重要思想、科学发展观、习近平新时代中国特色社会主义思想为指导思想和政治导向，充分运用新媒体技术，建立相关专题网站。围绕高校思想政治理论课内容，思想政治理论课专题网站可重点建立"四个专题"。

（1）理想信念教育专题。通过系统宣传中国特色社会主义理论体系和基本国情、形势政策，帮助学习共同体成员确立实现中华民族伟大复兴的共同理想和坚定信念。同时，要积极引导学习共同体成员不断追求更高的目标，使他们中的先进分子树立共产主义的远大理想，确立马克思主义的坚定信念。

（2）爱国主义教育专题。通过宣传和弘扬民族精神，引导学习共同

体成员在中国特色社会主义事业的伟大实践中，培养爱国情怀、改革精神和创新能力，始终保持艰苦奋斗的作风和昂扬向上的精神状态。

（3）基本道德规范专题。通过开展公民道德的宣传教育，引导学习共同体成员自觉遵守爱国守法、明礼诚信、团结友善、勤俭自强、敬业奉献的基本道德规范，并且坚持从身边的事情做起，从具体的事情做起，着力培养良好的道德品质和文明行为。

（4）素质教育专题。通过开展人文素质和科学精神的宣传教育，促进大学生思想道德素质、科学文化素质和健康素质协调发展，引导学习共同体成员勤于学习、自信自强、守正创新、甘于奉献，做一名担当民族复兴大任的时代新人。

2.开辟思想政治教育特色频道

一般来说，学习共同体成员思想活跃、兴趣广泛，他们都不太接受形式单一、内容枯燥的话语内容，这要求共享社区在传播思想政治教育话语时应从学习共同体成员的个性出发，建立各种特色频道，充分尊重受众的需要和兴趣。比如，新闻动态类频道，内容可包括校园速递、信息快递、热点聚焦等；教育特色类频道，内容可包括思想理论、经典书籍、时事经纬、党团建设等；校园文化类频道，可展现校园文化建设的特点和内容；特色服务类频道，内容可包括就业指导、招聘信息、勤工助学、心理咨询、名师讲坛；等等。围绕这些特色频道，要充分体现出共享社区主题网站的特色，体现网站的教育性和导向胜，同时也要体现网站的服务性和人文性，有针对性地进行教育以促进学习共同体成员个性的全面发展。

3.设置思想政治教育交互栏目

充分利用新媒体的交互性特征，在共享社区内精心策划和设置各种交互式栏目，有助于增强高校思想政治教育的吸引力和实效性。目前为大学生所喜好的电子刊物、网上论坛等，已成为互动交流的载体，应当继续巩固和拓展，使之发挥更大的影响和作用。对共享社区的管理执行层来说，应当紧紧把握新媒体的交互性特征，充分利用公众网络的资源，将其他大众媒体，如报刊、广播、电视、图书、录音、录像和户外宣传信息移置或链接到共享社区上，利用外围的网络思想教育网站，为学习共同体成员提供更多更丰富的思想政治教育资源，以增强思想政治教育的吸引力和感染力。

（二）技术保障

技术保障是高校思想政治教育共享社区模式的常规保障。针对目前网络上所反映的问题，当前应采取以下两方面的技术保障：

1.加强技术防范措施

高校思想政治教育共享社区必须净化网络信息，加强对网络及网络信息的有效管理，从技术上切实解决好网络管理上的难题。从当前来看，加强网络技术防范措施，管理执行层要重点抓好两个方面：一是控制信息源头，对IP实名制管理。实践证明，对IP实名管理，有助于减少互联网经济犯罪、政治犯罪、技术犯罪、文化犯罪和刑事犯罪的发生，有效规范了网络社会行为，对用户的网络言论和行为形成了实质性约束。二是加强信息的过滤、选择。对网站内部非法内容或关键字进行的屏蔽处理，是阻止非法信息在网内显示的重要方法，它有效抵制了非法信息的蔓延，保证了网站信息的清洁度。

2.加强网络技术保护

新媒体技术的发展，不仅改变了我们的通信方式和生活方式，而且对现有的法律制度提出了种种挑战，提出了加强网络技术保护的迫切要求。当前，管理执行层要重点抓好三个方面的保护：一是数字化作品的著作权保护。在共享社区里，学习共同体成员所发表的作品、电子邮件的内容等，与其他类型的作品一样，一经产生就应受到《著作权法》的保护，社区管理执行层应切实保护成员的作品不受侵权。二是数据库的保护。共享社区数据库资源是社区成员共同的资源，社区管理执行层应加大保护力度，防止黑客的破坏。三是域名的保护。域名是为方便网络使用者而设计的一种技术性功能，它是为计算机提供容易记住和辨别的字符网址。它也需要社区管理执行层按照相关法律规定予以保护。

（三）物质保障

高校思想政治教育共享社区模式的有效运行，必须以一定的投入作为保障。为了保证共享社区的有效运行，投入必要的经费及物质，是其中极为重要的一个环节。根据社区运行的需要，经费的投入不仅要包括经常性的理论教育经费、宣传教育活动经费，还应包括实践调研、社会调查的经费；不仅要包括图书资料的经费，还应包括音像设备、多媒体等方面的经费；不仅要为学习共同体成员提供各方面的经费，还要包括教育培训、学习的经费；不仅要有室内设备的经费，还应包括室外活动场所建设的经费。因此，要从当代社会的实际出发，使经费的使用效率最大化，以适应新媒体时代高校思想政治教育的需要。

（四）环境保障

环境保障，是高校思想政治教育共享社区保障机制建设中不可忽视的重要内容，当前可大力营造好三个环境。

1.营造积极健康的校园环境

校园文化建设，是高校精神文明建设的重要组成部分，它对学习共同体成员具有巨大的感染力和渗透力。社区管理执行层应多组织以思想性、文化性、娱乐性和学术科技性为基本内容的校园文化活动，营造高品位、多层次、健康向上的校园文化氛围，以净化人的心灵，鼓舞人的精神，提高学习共同体成员的文化自信，增强他们自觉抵御消极网络环境的能力。

2.营造科学理性的法律环境

应通过现行网络管理法律法规的宣传教育，增强核心领导层、管理执行层和学习共同体成员遵纪守法观念。对核心领导层来说，要依法提出在共享社区里开展各项教育活动的指导意见；对管理执行层来说，应当依法对共享社区的正常运行实行管理，同时要依法实行技术保障；对学习共同体成员来说，应当自觉做到在法律法规允许的范围内开展活动、发表言论，自觉约束自己的网络行为。此外，也应对国家的网络立法提出相关建议，比如：在立法实践上要坚持适度性，尽快制定并实施相关的网络法律法规；在立法过程中要注意整体协调性，即针对网络侵权、犯罪的立法要相对完整、系统、全面，自成体系，同时针对网络的立法要注意与原有的刑法、民法、行政法等法律法规相协调、相补充；在制定网络法律时要注意针对性和准确性，力求避免似是而非、含糊不清以致难以实施。

3.营造行之有效的道德环境

高校思想政治教育共享社区应和现实社会一样，要有相应的道德规范进行约束。要充分运用新媒体技术，综合传统道德中优秀、合理的部分和国外具有时代性的道德规范，对每一个学习共同体成员进行思想道德教育，以规范他们的网络行为，从而以良好的道德习惯自觉遵守网络规范。

第五章　新媒体时代高校思想政治的传媒应用

第一节　微博在新媒体时代高校思想政治教育中的应用

伴随着数字技术与当今信息的日益融合及普遍应用，新媒体正在被越来越多的人所熟知。有别于传统媒体，新媒体在信息的传播、接收及采集等方面进行了重大的技术变革，为大众的生活带来了极大的便捷，并逐渐改变着大众的行为模式以及思维方式。不仅如此，新媒体还渐趋成为一种新型有效的思想政治教育方式。基于此背景下，本章内容从微博、QQ、微信三种媒体形式着手，对其在高校思想政治中的应用进行了探究。

微博作为比较新颖的网络交流传播工具，以其交流的平等性、传播的即时性和内容的个性化等特点，已经渗透到社会生活的方方面面，对人们日常生活的影响也越来越大。对于高等院校的大学生来说，他们具有追求个性、乐于表达自我等特点，比较容易接受新鲜事物。微博这种交流工具的应用一方面符合当前大学生成长和学习的需求，另一方面也会在某种程度上对大学生的人生观和价值观等形成产生影响。高校思想政治教育工作者应当抓住这一时代特色，充分发挥微博对提升思想政治教育工作的作用，为提升高校思想政治教育效果服务。

一、高校微博概述

新媒体的发展对学校教育来说是千载难逢的好机遇，知识更新速度的加快有利于学生批判性、创造性思维的发展，突破教育环境的时空限制，加强课堂与现实世界的联系，增强教育者与受教育者之间互动的频率。高校官方微博是由代表高校的官方机构（通常是学校的宣传部）在门户网站注册，并经过门户网站机构的认证，用户名旁点亮蓝色字图标，发布高校最具权威、最有公信力的信息，对发布内容拥有解释权和定义权的官方微博。因此，高校官方微博具有方向性、互动性、新颖性等特点。第一，高校官方微博以社会主义核心价值观为根本，把握时代脉搏，贴近大学生的思想、实际和生活，与时俱进地宣传党的指导思想、马克思主义中国化最新成果，引导大学生树立国家层面的富强、民主、文明、和谐的价值观，树立社会层面的自由、平等、公平、法治的价值观，树立个人层面的爱国、敬业、诚信、友善的价值观，确保高校官方微博的正确方向。第二，微博自身的关注、评论和转发功能决定了只要拥有微博账户就可以与高校微博进行沟通。网络时代的特征以及微博的匿名性，使大众和高校官方微博的互动过程是一个平等的交流过程。除却了现实生活中身份、地位的差别，高校不能居高临下，被动等待受众的关注，大众可以无负担地与高校互动，有利于促进大众对高校的了解。第三，高校微博可以综合集文字、图片、视频于一体呈现新颖的信息内容，宣扬社会主义核心价值体系、社会主旋律等政治性、思想性强的内容，化抽象为具体，变枯燥为有趣，寓教于乐，使大学生在潜移默化中接受教育。[①]

教育改革是一个永恒的主题。社会是不断发展的，因而教育也必须不断进行改革以适应发展中的社会所提出的新要求。教育实践是植根于整个社会实践的，是随着社会的发展而发展的，需要为一定社会的经济、政治、文化、科学等服务。微博是现代信息化发展的产物，培养人才的教育实践也必然要发展，反映对教育现象的认识的教育思想也要有所发展，高校微博就此产生。

从统计上看，微博作为最受年轻人欢迎的新媒体平台，将持续关注传播载体的变化趋势，优化升级自身平台，与高校形成合力，促进高校政务工

①郝晓雯.新媒体时代高校思想政治教育微博传播力评价研究[D].武汉：武汉工程大学，2022.

作的发展。随着直播、短视频等信息传播载体成为移动端的全新趋势，这些工具更符合当代年轻人的信息获取需求。微博引导高校将其更好地运用到政务工作中，吸引用户互动与参与，优化用户体验，增强用户黏性，助力高校微博的生态完善。微博作为高校政务新媒体传播的主要阵地，极大地推动了高校政务工作的进展。未来，微博也将继续发挥平台力量，秉持开放运营战略，为高校聚集更多资源，进一步放大校园内正能量的声音，引领积极的社会价值取向，孵化更多的高校创业团队，成就更多高校学子的创新梦想。

二、微博的思想政治教育功能

思想政治教育一方面受到社会政治、经济、文化的制约，另一方面又服务社会，促进社会政治、经济、文化的发展。思想政治教育的功能是思想政治教育本质的外在体现，是指思想政治教育对教育对象乃至整个社会所发生的积极独特的作用。微博思想政治教育基本涵盖思想政治教育的主要功能，但也具有一定的特殊性，不仅对个人和群体产生影响，还对整个社会发挥作用。

（一）导向功能

导向功能是思想政治教育的基本功能，具体包含舆论导向、目标导向和行为导向三种类型。第一，舆论导向。改革开放以来，我国人民群众的精神文化得到充分的发展，科学、民主精神得到明显增强，价值取向向多元化发展。因此，在外来文化的干扰下，有人在社会主义发展过程中产生了迷茫和困惑，而微博思想政治教育就是引导人们的思想朝正确的、积极的方向发展，弘扬社会主义的主旋律，宣传社会主义核心价值体系，掌握舆论宣传的基调。第二，目标导向。微博思想政治教育宣传党和国家的路线、方针、政策，帮助群众理解政策，学会用政策分析社会问题，增强"四个意识"、坚定"四个自信"。在工作和生活中，通过跟随党和国家的方针、政策制定自己的小目标来逐步实现。当党和国家、社会的大目标转化为每个受教育者的奋斗目标而不懈为之努力时，就离党和国家、社会的大目标的实现距离不远了。第三，行为导向。道德和法律是规范人们行为的两大社会规范，而这两者都离不开思想政治教育。道德教育引导人们养成良好的道德习惯，法律教育是培养人们的法律意识。依法治国和以德治国的相互结合，促成我们良好的社会氛围和行为规范。微博通过对正面新闻的报道和负面新闻的评论引领人们朝着正能量的舆论导向前行，充分发挥微博思想政治教育的新能量。

（二）保证功能

保证功能是思想政治教育的重要功能，保证社会主义的性质和方向，保证社会主义建设的积极性。第一，保证社会主义的性质和方向。我党在建设初期就提出"思想政治工作是经济工作和其他一切工作的生命线"的著名论断，说明思想政治教育有其他工作所替代不了的保证功能，从而确立思想政治教育在社会主义建设过程中的重要地位。是否进行思想政治教育，是关系到我们党和国家举什么旗、走什么路的原则问题。只有加大思想政治教育，才能提高人们的社会主义觉悟，坚定中国特色社会主义道路的决心，才会贯彻党和国家的路线、方针、政策，防止各种非无产阶级思想的侵蚀。微博思想政治教育作为政府、高校官方的发言人，理应大力宣传中国特色社会主义的建设道路和社会主义主旋律，保证社会主义现代化建设的顺利进行。第二，保证社会主义建设的积极性。微博思想政治教育的良好开展大大调动了人民群众建设社会主义的热情，培育社会主义新的建设者和接班人，提高中华民族的思想道德素质和科学文化素质，建立良好的社会风气，扭转贪污腐败等社会不正之风，遏制思想道德观念的退化和沦丧，使中国的现代化建设沿着社会主义方向健康发展，提高人们建设社会主义的积极性和创造性。

（三）育人功能

思想政治教育是通过运用思想品德的形成发展规律培养人们的思想政治素质，不论是我党提出的培育"有理想、有道德、有文化、有纪律"的"四有"新人，还是培养德智体美劳全面发展的社会主义建设者和接班人，都是以马克思主义关于人的全面发展为指导的不同表述，都体现思想政治教育的育人功能。2017年2月，中共中央、国务院印发的《中共中央国务院关于加强和改进新形势下高校思想政治工作的意见》中指出，要发挥哲学社会科学育人功能。强调要加强哲学社会科学学科体系建设，积极构建中国特色、中国风格、中国气派的哲学社会科学学科体系，强化马克思主义理论学科的引领作用，支持有条件的高校在马克思主义理论一级学科下设置党的建设二级学科，实施高校马克思主义理论人才培养计划，积极推进学术话语体系创新，加快完善具有中国特色和国际视野的哲学、历史学、经济学、政治学、法学、社会学、民族学、新闻学、人口学、宗教学、心理学等学科，努力建设一批中国特色、世界一流的哲学社会科学学科。高校官方微博通过发布积极向上、感人励志的内容，引导大学生不断追求更高的理想，用现实中的人物和事件感染受教育者，提高他们服务社会的积极性，激发他们奋发进取的精神。微博在思想政治教育者与受教育者交流的过程中营造和谐温馨的氛围，除了满足学习和工作中的知识所需，还要关注日常生活的点点滴滴，帮助他们排忧解难，聚焦他们真正关心的问题，在人文关怀中发挥育人功能。

（四）调节功能

思想政治教育的调节功能，是指通过民主的、说服教育的、相互沟通的方式，进行人的情绪调控、人的心理调适和人际关系调整，从而达到提高人的思想觉悟，建立新型人际关系的目的，保持和促进社会的稳定与发展。思想政治教育调节就是纠正教育的实际效果与应有效果之间的差距，经过分析找出偏差和原因，有针对性地调整相应的措施，纠正内容的偏差，改变教育方法，提高教育者的素质，使受教育者的言行、思想品德与业务结合起来，促使思想政治教育达到预期目的。微博是受教育者一个宣泄情绪的新平台，思想政治教育需要关注受教育者的情绪，帮助他们进行有效的心理调节，以健康向上的心理状态面对社会、面对生活。微博思想政治教育同时也是各种矛盾的集散地，教育者需要在这片阵地上缓解各种冲突，化解各类矛盾，消除人与人之间的口水仗，着力构建团结、互助、平等、友爱的网络关系，处理好不同群体之间的纷争，使各个微博用户之间的交流和互动更加和谐。

（五）转化功能

所谓转化，是指在思想政治教育中，教育者通过多种方式，积极帮助人们改造思想，纠正人们既有的错误的思想认识，把其引导、转变到正确的轨道上来。转化是思想政治教育中的一个重要功能，是思想政治教育通过某种外在力量达到改变教育对象内部状况的一种重要活动。这种内部状况的变化就是思想政治教育"内化"与"外化"的内在矛盾过程。一般来说，思想政治教育的开端即解决认知矛盾的问题，思想政治教育对受教育者注入新的知识以改变原有的知识结构，形成思想政治教育所期望的认知转化，"内化"为"外化"创造条件。但是，受教育者的知、情、信、意、行所组成的思想结构体系复杂，任何一环出现变动都会导致"外化"的失败。思想政治教育需要根据受教育者的个体展开相应的变化，运用理论教育、实践教育、疏导教育、典型教育、激励教育、感染教育、心理咨询、预防教育、磨炼意志等方式方法，引导受教育者将错误思想转变为正确思想，抛开原有的行为习惯，"外化"于行动之中，提高受教育者的思想水平，促成良好品德的形成。

三、微博思想

政治教育的发展优势随着在高校政务工作中的作用力越来越明显，微博也逐渐成为高校政务工作中发挥发声、聚合、引领价值的关键渠道。

（一）传播力广

高校微博的开通，开启了高校网络互动的时代。在高校微博中，经常可以查找到学校的有关宣传信息和开展活动的内容，还不时与粉丝进行互动，增强学子们的亲切感。除了考试招生时的门庭若市，还屡屡被各种媒体引用和报道。高校微博可以把思想政治教育信息或链接放在网上，方便大学生浏览和查看；可以发布日常生活中积极向上的励志信息，引导大学生树立正确的世界观、人生观和价值观；可以设置网络问卷调查，及时了解学生们的思想动向；可以运用立体、动态的形式，吸引更多大学生的加入；可以不时发布服务公告和招聘信息，帮助大学生解决他们最关心的问题。高校微博网站中，发布者需要从大学生的实际出发，有目的、有计划地更新思想政治教育的内容，真实、准确地反映校园和社会的思想政治状况，从而有针对性地开展思想政治教育。

（二）影响力深

每年高校都会发布高校影响力的排名状况，高校微博发挥了重要作用。高校在用户以及社会中的信息覆盖程度、发声频次、发博次数都显著提高，上海交通大学、武汉大学、厦门大学、浙江大学、北京大学等十所院校入选年度部属高校官博传播力前十强。这些高校微博之所以能拥有深远的影响力，离不开与粉丝们的频繁互动，离不开信息的及时更新，搭建了双方更加顺畅的沟通桥梁，加深学子和母校之间的思想交流与融合，促进彼此双方的认知和了解，克服思想政治教育传统的单调和刻板印象，从而促成人气旺盛的局面。如果没有超快的更新速度和丰富的内容，高校微博就形同虚设，缺乏人气，留言冷清，但如果只发布信息而缺少互动，也会减少关注度和影响力。

（三）公信力大

在媒体形态多样化的当下，人们沉浸在信息的浩瀚海洋中应接不暇，媒体的公信力受到前所未有的威胁。公信力是媒体必须秉承的内在品质，是媒体赖以生存与发展的核心竞争力，传谣与辟谣相灭相生。在《小康》杂志社联合清华大学媒介调查实验室，并会同有关专家及机构进行的"2016媒体公信力调查"中，受访者认为公信力最强的是电视，其次是报纸，再次是微博，广播和微信分列第四、第五位。之所以微博公信力较微信高，就是因为微博作为一个公共平台，不同观点与声音会得到一定程度的表达，互联网的自净机制就更容易发挥作用。微博实名认证功能是政府、企业、高校等权威部门发布信息的便捷途径，提升人们对官方微博的信任。因此，高校微博成为校园科研成果、官方声明、文化活动等重大事件的"新闻发言人"。

（四）引导力强

微博的主要特点就是互动性，高校微博一改传统思想政治教育的交往模式，把受教育者藏在内心的话语以虚拟和隐蔽的方式倾诉给思想政治教育工作者，双方处在相对平等的地位进行无障碍的交流。大学生把真情实感呈现在高校微博上，教育者可以接触到受教育者的内心深处，这样的思想政治教育才更有说服力。另外，高校微博利用互联网的即时性特点，思想政治教育者能够在最短的时间内掌握受教育者思想和生活的真实状况，把最前沿和最详细的资料展示给大学生们，引导他们学习的方向和思维方式。高校微博渗透在学生的日常生活闲暇时间，开拓思想政治教育活动的方式，成为大学生广泛应用的新媒体，关注大学生生活中的琐碎杂事，使微博内容与大学生的生活息息相关，由被动接收到主动接受，找到思想政治教育和生活实践的契合点。

四、高校利用微博开展思想政治教育策略

教育的关键是以人为本，高校思想政治教育工作的开展要以学生为中心，坚持以人为本的教育理念，贯彻立德树人的根本任务，充分利用微博在思想政治教育工作中的积极作用，着力应对微博在思想政治教育工作中的挑战，不断完善和优化微博思想政治教育平台，切实提升思想政治教育工作水平。

（一）更新教育理念

随着微博发展和其影响的不断深化和扩大，高校思想政治教育工作的开展也迎来了一定的挑战和机遇。尤其对于一些思想政治教育者而言，挑战的到来使其心理负担增加，对微博在思想政治中的应用有一定的排斥心理。高校思想政治教育工作者应当及时更新教育理念，创新微博应用方式，切实发挥微博在高校思想政治教育工作中的作用。首先，各高校应当加大对微博的重视，从思想观念上重视微博，了解和认识微博在各个学科应用中的情况，同时对大学生微博使用情况进行一定的调查，形成一个正确的"微意识"。其次，各大高校应当充分利用微博这一新型的媒介，加强与教师、学生等相互之间的联系，提升自身的"微认识"水平，进而为微博在思想政治教育工作中的运用提供坚实基础。

（二）建设高校思想政治教育矩阵型微博

对于高等院校来说，其思想政治教育工作的开展需要全体师生的共同努力。新时期，绝大部分高校已经开通了官方微博平台，在微博营销中，

通过PRAC法则的运用逐步形成"2+N"微博矩阵型模式。这种模式建立在品牌微博和客户微博的平台基础上，并将活动微博、产品微博、粉丝团微博、运营领导微博添加进来。在高校微博矩阵建设中运用PRAC法则，推动高校思政教育微博体系的形成。建立高校思政教育微博矩阵型的账户，设置高校思政教育微博矩阵型架构，高校思政教育微博矩阵型使用评估是构建高校思政教育微博体系的主要内容。

第一，建立高校思政教育微博矩阵的账户。高校应当通过完成微博的官方认证，赋予其更强的公信力，这样就能够利用微博网站的技术支持，进行高校各项事务的有效宣传，进而在思政教育活动中充分发挥作用。

第二，设置高校思政教育微博矩阵的架构。应当从微博集群的不同主体、不同作用出发，进行相关微博集群和微博的构建。同时应当由高校相关部门，包括校党委宣传部进行官方组织微博的统一管理和备案。

第三，高校思政教育微博矩阵的主要内容。不同微博集群在微博矩阵中具有不同的作用，它们将各种类型信息利用不同形式进行发布，但是却具有相同特点的内核：首先是高校要闻。官方组织微博应当充分发挥其在微博矩阵中的宣传作用，将校院的各种要闻进行及时发布，并和校园网站实现有效的链接和共同传播。微博传播信息非常及时和迅速，关注者能够在最短时间内掌握学校的各种动态，这样就能实现信息接收者和发布者的及时对接，进而实现官方组织微博形象的提升。其次是信息补充。通过多样化的微博操作方式，能够突破传统网络媒介的局限，将信息更加快速和便捷地传播出去，例如直播运动会、活动、会议。再次是转发。在信息传播中转发具有非常重要的意义，也能够将宣传成本压缩到最低。主要的方式有三种：第一是内容相同，微博和主微博分别进行信息发布。第二是自上而下，主微博的信息被微博群积极转发。第三是自下而上，主微博接受微博群的信息。最后是个性化内容。不同类型微博具有不同功能，有一些微博的主要作用在于服务学生，有一些微博的作用则是在于进行相关事项的提醒和通知等，这样由不同功能微博构成的微博体系就能够更具张力。

第四，高校思政教育微博矩阵的使用效果评估。通过将效果反馈给微博集群，能够实现对思政教育策略的及时调整，进而实现对微博的更好利用。其中涉及的因素主要包括三个方面，分别是转发量、被@量、粉丝量，通过有效利用这些因素能够对思政教育工作进行更好的评估。

（三）建立线上线下相结合的思想政治教育机制

重视微博视域下高校思想政治教育的同时，也不能放松传统思想政治教育手段的运用。利用微博的线上平台，是高校传统思想政治教育手段的有益补充，其效果还需要线下思想政治教育的进一步强化和检验。在高校思想政治教育中，只有形成线上线下多种手段综合运用的机制，使线上微博思想政治教育与线下传统思想政治教育互动运用，才能形成思想政治教育的资源共享、优势互补、全方位覆盖，发挥思想政治教育的整体合力，提升高校思想政治教育的实效。[①]

（四）加强队伍建设、制度保障

新媒体时代的高校思想政治教育工作，需要一支具备过硬的政治素质、丰富的工作经验、较高网络信息素养的教师队伍，主动参与到微博的传播、互动中去，丰富高校思想政治教育资源和形式，保证思想政治工作的实效性；还需要从大学生中选出一批思想素质过硬、网络能力优秀的学生微博领袖，积极配合做好大学生舆论引导。同时，高校还应建立健全微博管理制度，规范大学生在微博空间的网络言行，加强对大学生微博的监管，营造高校和谐的微博环境。还需要一定的物质保障，促进高校网络思想政治工作的不断发展。

[①]黄晓梦.新媒体时代提升高校思想政治教育实效性路径研究[D].青岛：青岛科技大学，2021.

五、构建高校官方微博的运行机制

（一）加大对高校官微的宣传推广力度

某件事情成功与否很大程度上取决于当事人的态度。因此，只有让高校教师、大学生及其他社会大众充分了解高校官微，使其知名度得到持续扩大，才能促进官微思政教育功能的发挥。第一，引导本校思政教育工作者充分重视官微的教育功能。只有获得教育者的重视，才能使微博更好地服务于教育事业。对此，高校应当建立奖惩机制，定期调查教师使用微博教学的频率，对经常使用微博开展教学活动的教师进行奖励，增强教师对微博的认同感，还应当开展微博教学的技术培训，确保教师和其他行政人员有能力运用微博开展思政教育工作。第二，利用本校官方微博设置专门版块开展思政教育。学校可以围绕学生感兴趣的内容设置专栏，引导学生进行讨论，邀请知名专家在学校官微开办讲座，还可以与校外企事业单位联合举办教育实践活动，通过这些措施来吸引大学生对本校官微的关注。第三，重视高校官微的营销推广。高校应充分利用重大节假日、开学等特定时间加大力度宣传官微，还可以通过开展微博小说征文等活动扩大官微的影响力，使其成为开展思政教育的重要平台。

（二）建立高校官微的日常运营机制

要充分发挥官微的思政教育功能，关键在于拥有科学高效的团队，制订科学的运营计划。第一，设置相关人员负责官微的日常运营管理，安排专业教师编写思政教育的文章在微博上发表并和学生进行互动。专业队伍的组建要层层把关，由学校宣传部门领导和管理，定期进行培训，到微博发展较好的高校进行学习，然后根据本校实际情况找到适合自己学校发展的方式。此外，要分工明确，有具体合理的数量指标，由专职教师协商确定周期主题，结合近期国内外的热点时事、校园文化、学校活动等编制微博信息，及时发布，确保微博持续更新，提高微博活跃度。第二，开展官微的多元化互动。通过热点讨论、邀请关注等形式多样的微博主题实践活动，吸引大学生广泛参与，实现传播主体与受众之间的多元化互动，既活跃气氛，又能保持官微活力，使其思政教育功能得到持续性发挥。同时，要注重官微与其他媒介的互动，为扩大大学生思政教育影响开辟通道。

（三）建立高校官微的引导机制

微博的出现使信息传播更为便利，但由于这种新媒体在交流过程中存在隐蔽性、匿名性、快捷性等特点，且入门门槛较低，由此也带来许多隐患，如传播非主流思想、制造虚假信息、引发网络群体事件等，大学生由于思维超前，更容易受到这些不良信息的影响。因此，高校在管理各自的官微时要采取各种措施，建立引导机制，正确引导大学生的言行。第一，从源头做好微博信息的监控与防范。要及时过滤即将上传官方微博的信息，剔除虚假信息，删除容易引发负面影响的帖子，从正面引导各种评论，规范微博信息传递，防止不良信息进入校园。此外，高校应当主动出击，以真实生活为蓝本创作一些原创微博，让大学生读后能够产生共鸣，在潜移默化中滋润心灵；还应当转发一些传递正能量的微博，正确引导舆论方向。第二，以官微为平台在交流互动中实现正确引导。对于大学生在官微上的提问，学校有关领导和部门应当及时回复，并采取措施加以解决，无法及时回复和解决的要说明原因。对校外网友的意见建议也应当给予回应，对一些网民的偏激言论，要及时进行驳斥或回应，引导他们理性思考问题，用平和的语气真实地反映情况，用国家法律规范言行。

（四）建立微博舆情监控、预警和应急机制

微博、微信、网络等新媒体是一柄双刃剑，如何最大限度地发挥其

优势降低其带来的消极影响，是高校教育工作者必须要思考的重要问题。鉴于微博的消极影响主要是由于其传播的不良信息造成的，所以加强对微博信息的监管显得尤为重要，只有尽最大努力降低不良信息的传播速度，缩小扩散范围，才能为大学生创造良好的网络思政教育环境。第一，建立微博舆情监控机制。高校官微不仅是信息发布平台和对外宣传的窗口，而且是校园舆情的晴雨表，管理者应当加强舆情监控，通过对微博上的热门话题进行监管和研判，对有可能引发激烈争议并导致大学生出现认识偏差的话题及时进行干预，引导话题讨论转向正确的方向。第二，建立微博舆情预警机制。由于微博传播的不可控性，特别是在校园突发事件中，大学生往往乐于通过官微表达见解，期待学校关注，对此学校官微必须采取针对性措施对一些不良信息及时预警，制止其恶性扩散。官微要及时收集学生意见，从中掌握他们的思想动态，及时查看私信、留言、评论，跟踪传播信息，给予反馈，适时公开信息，调整传播方案，通过与学生及时沟通抚平情绪，化解可能出现的舆情危机。第三，建立突发事件应急机制。在危机事件发生后，尤其已经在微博、微信、QQ群等迅速传开时，高校应当运用官微的短信群发功能，向社会大众发送舆情预警，及时说明事实真相，防止谣言扩散，维护社会安定团结与稳定。

（五）建立微博激励机制

采用奖励措施既有利于激发师生参与微博话题讨论的兴趣，从而调动他们参与思政教育的积极性，还能激励各高校实现微博资源共享，从而丰富大学生思政教育资源。可以按照不同种类的微博参与形式，结合不同高校的实际情况进行分类评价。第一，根据高校官微的参与度进行评价。主要从微博信息的转发量、互动度、评价量等方面进行考核，对积极转发官微信息的师生，进行物质奖励，发挥其榜样示范作用。第二，根据官微的运营状况进行评价。主要从微博的内容建设、表现形式、发布数量、质量效果和影响力等方面进行考核，对在官微运营管理中取得重要成绩者，给予物质奖励。第三，鼓励各高校实现微博资源共享。教育行政主管部门应当倡导各高校将优秀的思想政治理论课、先进教育经验、思政教育资料等放在本校的官微上，实现资源共享，不仅让学生拥有更多思政教育方面的学习资源，而且有利于高校之间相互交流，促进他们开展思政教育工作方面的合作。

（六）创新高校官微的内容和形式

在坚持马克思主义理论和党的路线、方针政策的前提下，官微的发布内容和形式要不断创新和优化，从而满足当代大学生的实际需要。第一，内容要聚人气。高校应当指派专人负责微博思政教育内容的更新和管理，并用学生乐于接受的方式将教育内容在微博上表达出来，提升官微的思政教育功能。官微应从大学生的特点和需求出发，在日常生活、学习、工作中有效发挥思政教育作用，解决大学生面临的学习、生活、情感和工作问题，还应对学生关注的趣事逸闻、招生就业、热点讨论等方面发起话题，让更多师生参与到探讨中来。第二，语言要接地气。官微在传播信息过程中，要结合当今大学生的语言风格，并结合微博议题调整文风；当传播非常重要的信息时，要采用官方话语模式，用正式的语气表述，以确保信息发布的权威性；当与大学生进行思想和情感交流时，则应当采用朋友式的口吻和语调，使用一些网络用语和非主流语言，让大学生有一种亲切感，更愿意接受这些信息，从而达到教育效果。第三，宣传要树正气。官微是传播正能量、发出好声音的重要渠道，要科学设置栏目，围绕主题挖掘本校的先进人物和事迹，讲好自己的故事，通过图片、动画等多种形式提高微博的感染力，更好地展现新风尚，树立正风气，给人以榜样的力量。

（七）优化高校官微发挥正向功能的外部条件

从社会管理角度而言，科学技术的发展只有在法律的规范和引导下才不会偏离正确方向，微博这种新媒体也只有通过法律的约束才能实现其社会价值，更好地发挥作用。基于此，要充分发挥高校官微的思政教育功能，除了加强对微博自身的管理外，还必须创造有利的外部条件。第一，实施微博实名制。微博上的信息良莠不齐，使不良信息尽量不出现在微博上是降低微博产生消极影响的前提。为此，应当对信息发布者进行有效约束，这就要求政府对微博运营商加强监管，通过实名认证要求认证对象和受众群体完善自身材料，并确保其信息的真实性。同时，各高校应实行微博用户的后台实名、前台匿名的制度，既保证大学生的言论自由和个人隐私，又能够对不良言论追根溯源，从而保证官微平台风清气正。第二，加强法律建设。微博的良性运行既需要广大网民加强自律，更离不开法律的强制性约束，政府应大力完善网络法律法规，对那些利用微博、微信等新媒体传播不良信息、引发思想混乱的人员必须严厉惩处，以确保微博运行的良好环境，从而为官微发挥正向功能创造优越的外部条件。

第二节　QQ在新媒体时代高校思想政治教育中的应用

QQ以其特有的功能与特点及其在大学生中较高的使用率，成为大学生思想政治教育的一个重要载体。高校思想政治教育工作者应注重对QQ多人聊天、QQ群、群文件、QQ空间等功能的开发与利用，并通过学生、教师、学校以及国家信息管理部门的共同努力，充分发挥QQ的积极作用，尽力避免或减少QQ所带来的消极影响，在具体实践中不断提高大学生思想政治教育的质量。

一、QQ在大学生思想政治教育中的具体应用

学生参与课堂教学的模式一方面激发了课堂的活力，另一方面让学生在适度亲历教学过程中，体会到课程中所包含的真、善、美，促进知识向

智慧的转化，推进学生的全面发展。

（一）多人聊天的运用

在学生参与课堂教学的前期准备中，教师需要与各小组成员进行大量的沟通、交流，在这个过程中，QQ发挥了重要作用。QQ群聊中有面对面发起多人聊天的功能，每个小组可以建立一个多人聊天群组。学生制作好课件以后可以直接发送到多人聊天，教师根据课件制作的完成情况提出修改完善的建议，存在问题的地方可以直接用QQ截图反馈给他们，让他们进一步修改完善。小组各成员也将交流时要提的问题发到多人聊天，教师对不合适的问题提出修改意见，并要求每位学生对自己所提问题有自己的认识与见解，以便应对交流中其他学生的提问。

（二）QQ群的应用

首先，QQ群聊功能的运用。教师在第一次上课时可要求每个班级建立一个QQ群，教师可根据课程进度和教学内容选取相关的时政问题或相应的案例供大家讨论，在讨论时教师要参与其中，并尽量调动学生参与讨论的积极性，做好方向性引导，不使讨论偏离主题，同时，对讨论中出现的错误观点予以纠正，这样可以在不同思想的碰撞中提高大家对问题的认识。其次，QQ群文件功能的运用。教师在教学中，可根据教学的需要和学生的阅读兴趣，在QQ群文件里上传一些电子书，如与思政课程相关的书籍，或者一些文学、历史、哲学类的书籍，学生可根据自己的需要和喜好进行下载阅读。对一些专业性、理论性较强的马克思主义理论类书籍，教师要适度解读，然后再让学生去阅读，这样更有利于加深学生对内容的理解，引导学生逐渐养成良好的阅读习惯。

（三）QQ空间的运用

QQ空间尤其要注重"说说"的运用，教师可以将自己对生活、人生、读书的思考与感悟写成"说说"，学生一般会进行评论与点赞，通过此种潜移默化的方式可培养学生的道德情感、充实精神生活、引领精神发展。教师还可以将时政要闻、社会热点问题或他人对社会热点问题的评论发到"说说"上，让学生在评论、讨论中深化对问题的认识。

（四）一对一即时交流

学生在日常生活、工作和学习中会遇到一些困惑与问题，需要得到教师的帮助。教师在接到学生的帮助请求后，要耐心、认真地帮助学生分析问题，引导学生找出解决问题的办法，这种交流不仅可以拉近师生距离，更有利于思想政治教育工作的开展。

二、关于QQ在大学生思想政治教育中应用的思考

QQ为高校思想政治工作者提供了一个可以利用的工具，同时也满足了大学生学习和生活的各种需要。我们在认识到QQ有利的一面的同时，也要对QQ对大学生健康成长的潜在威胁有清晰的认识，并找到应对方法。

（1）学生方面。首先要在学生中倡导绿色上网，营造良好的网络氛围，规范网络语言，让学生养成良好的网络习惯。其次要提高学生的信息鉴别能力，引导学生不盲目转发未经证实的或虚假的信息，以免被别有用心的人利用。最后要提高学生的网络素养，引导学生发表评论时，语言文明、客观公正。

（2）教师方面。第一，在运用QQ进行思想政治教育时，应设置一个专用账号，这样在讨论时就不会受到其他因素的干扰。第二，教师要提高

运用QQ进行思想政治教育的自觉性，要仔细甄别、选取适当的教学内容，并以学生乐于接受的方式展示给学生，以达到教育的效果。第三，在QQ群方面，要加强管理，请责任心强的学生做群管理员，对群进行管理，以保证QQ群为思想政治教育服务。第四，及时关注空间动态，对于发布虚假信息、发泄个人对社会不满、侮辱诽谤他人等不良网络行为要予以制止。

（3）学校方面。学校要重视QQ平台的管理维护工作，建立将QQ应用于大学生思想政治教育的长效机制，保证QQ在大学生思想政治教育中的有效性。

（4）国家信息管理部门方面。国家信息管理部门要加强对QQ信息源与信息传播的监控，同时不断发展QQ信息监控和过滤技术，对QQ中的不良信息进行检查、监控和过滤，杜绝垃圾信息的传播。

总之，在将QQ应用于大学生思想政治教育的过程中，我们要充分发挥QQ的积极作用，尽力避免或减少QQ所带来的消极影响。高校思想政治教育工作者要在具体的教学实践中不断探索更加有效的方式方法，以不断提高大学生思想政治教育的质量。

第三节　微信在新媒体时代高校思想政治教育中的应用

探讨多渠道思想政治教育的实效性是思想政治教育时代化、有效性的必由之路。微信作为新媒体所具有的即时沟通和社交工具之性能，应成为高校思想政治教育必须争取的阵地。

一、微信作为思想政治教育载体的优势

思想政治教育载体是思想政治教育的基本要素之一，是实现思想政治教育目的的中介和手段。思想政治教育载体有其独特的结构、类型、特征、功能和使用方法。所谓思想政治教育载体是在思想政治教育工作过程

中，承载教育因素的工具性事物。它具有功能性、对象性、属人性。它的功能性表现为能够承载教育因素发挥教育作用。它的基本功能是承载和传输社会要求的政治、思想和品德价值与规范，促进受教育者接受所承载和传输的内容，形成相应的政治、思想和品德。它的对象性表现在它只有与思想政治教育因素建立承载关系，才可称为思想政治教育工作载体，其功能只有在与思想政治教育因素的关系中才能够表现出来。它的属人性表现在，它是为了实现教育目的而被利用或被创造的，它与教育工作主体的关系是利用工具关系。毋庸置疑，微信已经成为思想政治教育的新载体，在思想政治教育载体的功能性上进一步扩展影响力，在对象性上进一步增强针对性，在属人性上进一步加大互动性。

（一）增强思想政治教育的影响效果

微信中的资源和信息让人应接不暇，涵盖经济、政治、文化、教育、科技、军事、心理、体育、娱乐等方方面面，拥有文字、图片、声音、动画等多种呈现方式，满足大学生自由独立的需求，提升各种互动联系的深度和广度。微信朋友圈符合大学生的交友习惯，对信息具有共享性，通过朋友圈的分享和群组的联系来发现趣味相投的伙伴，全方位、立体化地沟通，共同做出决策，体现集体的力量。微信公众平台形式多样，把生活中各个角落的内容都融合在思想政治教育中，虚拟的网络已经开始回归到现实生活，悄然影响着大学生的世界观、人生观和价值观。微信公众平台的资源承载着丰富的内容，受众的人数、层次和范围都和传统媒介相比不可同日而语，再加上不受地域和时间的限制，高校各种信息和思想政治教育内容得到良好的传播。无疑，阅读量已经成为高校微信公众号影响力的重要评价标准。

面对新形势，思想政治教育需要对教育内容进行重新思考、理性判断，运用新的方式开发思想政治教育的内容，充分结合微信账号的活跃程度提供给大学生精神养料，使教育内容更加形象化、立体化、情境化。例如，2016年高校微信订阅号第一名的西安交通大学在版块设置上有"有趣""有料""有用"等，分别吸引不同兴趣爱好的大学生关注和阅读，无形中宣传学校的文化，这种贴近师生的内容和风格得到师生们的一致好评。复旦大学则重磅推出热爱校园的主题，在建校111周年之际，微信公众号策划校园大数据和111米高空的鸟瞰动图，让师生感受到满满的爱与温暖，推进校园文化的认同和宣传。在贴近学生生活的资讯中增强大学生的社会责任感、使命感，传播正能量的思想，坚定理想信念；在开放自由的微信平台激励学生，调动学习的积极性，锻炼社会实践的能力，提高人际交往能力。

（二）拓展思想政治教育的针对范围

高校微信的思想政治教育针对性限定为大学生，利用大学生的通讯录实名认证学生微信，把虚拟的网络生活与真实的现实生活接轨，增强思想政治教育的针对性和精确度。思想政治教育者可以针对学生的类型和特点组建不同的微信群，在不同群里发布有针对性的信息，组织群组的同学参与讨论。因微信群具有一定的私密性，只有群组的同学才能够看到，大学生们可以畅所欲言，因此可帮助教育者第一时间掌握大学生的动态，了解大学生在学习和生活中的困惑，在个性发展、知识结构、情感变化、价值取向等方面融合思想政治教育内容，最大范围地扩展思想政治教育涉及的领域。

高校微信公众号的设置还关注学生的各种信息需求，一个学校有时同时拥有多个公众服务号，针对特定的部门发布不同的消息。学生们可以根据目前最关心的方向来关注相关的公众号。思想政治教育者同时利用微信简单便捷、快速即时的特点，打破思想政治教育的时间和空间限制，随时随地发送具有针对性的思想政治教育信息，用简明扼要的内容适应碎片化的微信内容，及时解决负面力量的集结，避免不良情绪的滋生，杜绝心理问题的产生，防止不良舆论事件的发生。微信公众号还提供具有针对性的各种服务。例如，武汉理工大学支持教务信息查询和英语四、六级考试成绩查询等；杭州电子科技大学的社团招新系统帮助学生了解详细的社团资料和自主报名；重庆邮电大学的"四、六级查询"破1000万次，成为名副其实的最佳人气应用；武汉大学的服务平台为73%的在校学生提供课程表和成绩查询服务；江苏大学提供校园卡余额和自行车数量等生活查询；江西理工大学增加二手市场、失物招领、找老乡等功能。

由此可见，思想政治教育在微信公众平台上的表现突出，不是传统意义上的理论说教，更多地体现为在服务中提升学生的情感，在帮助学生的日常生活中培养学生的道德素质。

（三）加大思想政治教育的亲切互动

微信改变了思想政治教育双方的沟通交流方式，可以"点对点"地双向传播，也可以"点对面"地多向传播。微信发挥即时性的特点，拉近了师生之间的距离，在互动中感受自己在学校的分量，体会身为学校一员的荣誉感，增强主人翁的责任感。高校微信在活动中营造知足感恩的良好氛围，树立崇高远大的理想抱负，保持乐观向上的人生态度，把思想政治教育从简单的理论说教中解脱出来，使学生变被动为主动。高校微信公众平台为此目标做了很多新的尝试和体验，取得了不俗的成就。例如，重庆大学在微信公众平台推出"第四届微信歌手大赛""银杏摄影大赛""首届重庆大学校园一卡通卡面设计大赛"等；湖北美术学院策划的"寻找福袋"活动和"最团结班级大赛"，鼓励学生走出寝室，增强凝聚力；广西师范大学组织的"管家会操系列之泡泡狂欢节"活动与现场参与者进行互动；河南大学推出"我与母校共度生日"的活动，邀请和母校同月同日出生的师生共同庆祝。

此外，微信用户之间具有平等性，每个人都拥有相同的话语权。一改传统的思想政治教育的说教方式，高校微信公众平台发布的信息开始打温情牌，增强思想政治教育的亲和力，让身在异地的大学生真正感受到学校带来的温暖和自豪。例如，厦门大学在台风来袭时发表关于抗灾主题的系列图文，在风雨中表达对学校的饱含温情的祝福和关心，拉近学校与学生血脉相连的亲情；华南理工大学在高考前后推出分省招生计划、录取分数统计等内容，为即将到来的学子提供最迫切的信息；中山大学推送的《你是一个动人的故事讲了92年》，结合音乐和图文激发校友的共鸣；山东建筑大学在60年校庆时设计定做校庆纪念月饼；黑龙江大学以"为黑大人服务"为宗旨设置表白墙、黑大集市等特色服务。

总之，微信作为思想政治教育的载体，能更好地与学生们进行沟通和互动，使其在课堂中无法及时反馈的信息在微信中得以很好地表达，突破传统思想政治教育载体的束缚，最大限度地满足大学生的喜好和需求；在亲和力和互动性十足的环境中思想政治教育很容易被接受和内化，让学生们更愿意敞开心扉与教育者进行交流和互动，充分发挥大学生的积极性和主动性，及时传播新的教育资源和社会主义核心价值观；让大学生在形象、生动、直观的环境里得到思想的升华，在人性化的关怀中给予大学生新的力量，在轻松活泼的话题中提升彼此的信任，增强思想政治教育的实效性。

二、提高微信在高校思想政治教育中的应用实效性的对策

以微信为渠道进行高校思想政治教育已是大势所趋，如何提高其实效性是应用过程中的关键问题。因此，可采取以下对策。

（一）在运营上，增强微信内容及形式的吸引力与教育性

高校微信运营是高校微信发挥其作用的关键。微信订阅及关注度是体现一个微信账号受欢迎程度以及能在多大程度、多大范围上受到关注的重

要指标。高校微信账号的粉丝是有极限的，高校微信传播的半径决定了粉丝数量。如何从内容和形式两方面入手，增强高校思想政治教育的受众面和有效性，是提高微信在高校思想政治教育中应用的关键。

增加微信内容的知识性和趣味性，使大学生愿读、能懂、敢说。微信内容是高校思想政治教育的核心和关键。新时期，思想政治教育内容应以时事热点、历史典故、重大会议或赛事、考研就业等学生感兴趣的内容为主，将思想政治教育与日常生活润物细无声地联系起来，潜移默化地影响学生。

微信形式要图、文、音、影并茂，提升互动性和吸引力。微信类似于网页格式，大部分内容推送只有简单的标题和图片，很多时候第一印象就决定了是否要进一步了解这个信息。如通过游戏活动或者竞赛抽奖等活动吸引学生积极关注高校微信。高校在思想政治教育的过程中，应做好信息的"外包装"，根据新时期大学生的心理特点与具体需求，将所要传达的信息以最可能被学生接受的方式呈现，同时拉近心理距离，使学生愿意去了解、互动、交流，真正地实现高校思想政治教育的价值。

（二）在教育主体与对象之间的关系上，以微信为纽带增强双方的互动、沟通

调整思想政治教育教师结构，增强微信管理素质。思想政治教育教师的素质和管理能力在一定程度上决定微信的吸引力。高校应建立一支专兼职相结合，不同专业、不同年龄层次有梯度的思想政治教育队伍，加强其对微信的使用及管理能力，使其能够通过建立微信公众号、微信群组等方式，与学生开展交流沟通，积极推送、转发与思想政治教育和学生日常生活密切相关的内容，积极做好引导、解释、辅导、答疑、介绍等工作，从小事入手，切实解决学生问题，关注学生思想动态。[1]

---

①贾瑞.新媒体时代大学生思想政治教育方法创新研究[D].南京：南京邮电大学，2022.

提升学生的微信应用能力，引导其自我管理。微信作为一个网络平台，可以呈现纷繁复杂、各种各样的信息。高校学生应提高自律能力和网络道德观念，合理使用微信。微信作为一个工具性事物，其价值最终是由使用者所决定。高校学生应判别哪些信息是有价值的、正确的，接受、转发正面信息和积极的价值导向，积极主动地参与到高校思想政治教育素材或者活动的互动中。如内蒙古医科大学团委官方微信组织的"我与国旗在一起"等活动，引导学生在互动中提升自己的社交和管理能力。

（三）在组织与制度上，有充分的监管机制和保障机制

以微信为渠道的思想政治教育还要依赖国家、学校等不同层次、不同渠道的机制和制度建设作为保障，以实现其常规化顺利实施。

从物质、组织等方面给予大力支持。任何设想的实现最终都需要一定的保障机制以确认其实施。一方面，高校应用微信进行思想政治教育需要必要的经费投入。微信运营中的各个环节包括硬件设备或者软件的信息发布、维护等均需要有一定的经费支持。对此，应从国家、社会、高校等不同角度入手，采用不同的回馈方式，保障微信在高校思想政治教育中的运用。从组织层面上，将思想政治教育内容生动丰富、寓教于乐地应用于微信中，需要一整套组织机构的合理配合，形成职责明确、协同规划的组织团队，通过工作小组的形式，充分调动不同岗位工作者的聪明才智和积极性，实现高校思想政治教育的组织保障。

建立政府、运营商、高校合力的监管机制。良好的制度是实施的保障。高校学生正处于由"他人管理"到"自我管理"的过渡期，在此期间，高校应最大限度地为学生提供积极正面的信息，减少有害的信息。高校在鼓励学生合理应用微信的同时，应建立合理的监控制度和反馈机制，优化微信功能，使学生通过微信真正获益，实现思想、心态的健康发展，让微信切实成为思想政治教育的有效载体。

第六章　新媒体时代
高校思想政治教育的支撑和保障

第一节　新媒体时代高校思想政治教育平台建设

一、构建新媒体思想文化传播平台

经济全球化的飞速发展尽管在很大程度上提高了我国经济及文化水平，但同时也让我国的高校教育不得不面对外来文化的侵袭。就现阶段我国高校的学生而言，有部分学生在意识形态上受到不良影响，尤其是在新媒体被广泛应用的现代社会，受其广泛性、隐秘性等因素的影响，高校往往不能对网络信息的安全性进行有效的监管。对此，我国高校要实现对学生意识形态的正确有效的引导，就必须从高校学生的实际情况出发为其构建良好的新媒体思想文化传播平台。

在网络信息技术飞速发展的当今社会，新媒体的应用在高校中呈现出如日中天的趋势，微信、微博等公众信息传播和交流平台受到了高校学生的广泛欢迎。因此，对这些平台进行充分的利用可以有效向高校学生进行正确的思想传播，并完善高校的思想政治教育对学生的引导工作。以现阶段高校学生中所流行的微信为例来看，作为微信中重要辅助功能的公众平台的构建，其往往能有效实现对正确的思想进行及时的传播，而由于当今微信使用范围的越发广泛，也为其信息传播作用的发挥提供了有力的支撑。高校的思想政治教师在日常的教育教学中则可以充分发挥微信的作用，利用其对相关的知识及正确的思想精神等进行传播，从而更好地促进高校思想政治教育工作的发展。

当然，除了微信之外的新媒体中也有其他的一些软件如书籍阅读器等可作为高校思想政治教育的重要平台，这些平台的运用不仅可以对相关的知识内容等进行重组，还能就其中的不足之处进行补充。因此，在提高思想政治教育的质量和效率方面有着至关重要的作用。[①]

二、注重新媒体教育平台的内容建设

如果说在新媒体中思想文化平台的构建是高校思想政治教育工作中对学生思想引导的首要任务的话，那么教育平台的构建就能有效为思想文化平台的构建提供有力的支撑，可以说教育平台的构建为思想文化平台的构建提供了重要的推动力。在新媒体中构建教育平台的主要目的就是通过对教学内容的补充来对教学进行完善，进而来实现思想政治教育的目标。而要切实有效地对教育平台进行构建，则应当以思想政治教育的实际教育目标为基础，对不同的信息内容以及学生的实际情况进行把握，进而以最科学合理的方式对教育平台进行构建。除此之外，针对新媒体教育平台的内容建设，除了要充分考虑当代高校学生的实际情况之外，还应对学生的实际思想状况进行充分的考虑。

新时代的高校大学生，受社会及其周边环境的影响往往能更好地接受全新的思想与文化，然而这也从侧面反映了其在独立性和自主性等方面的缺乏，导致其思想受他人影响而产生一定的偏差。高校学生教育的目的除了要注重学生文化知识和道德品质的培养之外，还应充分强调学生主观能动性的发挥。然而在实际的教育教学过程中，学生的学习往往更多的是由教师所带领，这就使得学生在实际的学习中无法进行独立的思考，最终导致学生在面对问题时往往只能在教师的引导下进行解决，但遇到相类似的问题时却往往表现得无从下手，对学生实践应用能力的培养往往也有所限

[①] 张亚煜.主体视域下新媒体思想政治教育优势及路径探析[J].新闻研究导刊，2022，13(17)：199-201.

制。对高校学生而言，对其独立思考及自主学习的能力进行培养往往要比直接的知识传授重要得多。在新媒体背景下，新媒体在高校思想政治教育中的应用也为学生这一能力的培养提供了一定的机遇，在教育平台的基础上通过内容的建设则能有效全面地对教学、思想、能力等内容进行掌握，进而在最大程度上实现对学生能力的提升。

（一）建立以微博为主的师生互动沟通平台

微博是新媒体发展中所诞生的一种能够对信息内容进行传播的新媒介形式，对现阶段高校的学生而言，微博是被他们所广为喜爱与接受的一种互动交流平台，因此其在高校学生群体中也往往有着非常大的影响力，因此高校的思想政治教师在教学中也可对其进行充分的利用。

高校可利用微博建立学校的官方平台，在日常的教学生活中对学生进行这一平台的宣传让学生能给予这一平台充分的关注。对高校的学生而言，学校往往承担着对其思想等进行引导的重要任务，因此，我国各高校应当充分发挥自身的优势对微博进行充分的利用将其作为校园信息发布的重要平台。除此之外，为了提高微博在学校教学管理领域的使用率，学校也应加强在其应用方面的重视，并积极对学校各部门及学生的使用状况进行了解，而这也往往能从侧面反映学生在日常的学习生活中所存在的问题。

高校可以将微博作为学校中的交流工具，以此来对微博的服务功能进行充分的发挥。通过微博，高校可将新闻、公告及相关的资讯信息进行及时的传播。通过相关的实践调查发现，我国现阶段已有部分高校开通了校园微博公众平台，且校园的相关工作失误、奖惩信息等内容均会通过该平台进行发布，同时学生也可通过该平台向学校提出相关的意见等。

对于高校的思想政治教师，学校应给予其充分的鼓励让其将微博融入日常的教学工作中。比如，高校思想政治教师可以建立一个教学微博，以此来与学生构建更加平等和谐的师生关系，进而通过日常的互动沟通交流来深入了解学生真实的想法，并及时发现和解决学生在日常生活和学习中遇到的困难。除此之外，高校的思想政治教师还可以利用学生感兴趣的视频、图像等内容结合相应的教学资料等来进行思想政治的教学。由于微博具有关注共享的功能，因此，高校的思想政治教师也可要求学生与学生之间、学生与教师之间进行相互的关注，这就使得教师帮助一个学生解决问题的时候，其他学生也可通过微博共享看到问题解决的过程，这在很大程度上拓宽了高校思想政治教育的范围。

针对微博内容编辑的字数限制问题，高校思想政治教师在教学工作中除了文字之外也可以通过超链接的方式来对完整的信息进行传播。比如在对时政内容的教学中，教师就可以通过超链接的方式附上时政信息的网站等。除此之外，高校思想政治教师也可以利用微博来与学生对时下相对较为热门的话题进行探讨，并通过探讨来对学生的思想状态进行分析，进而对其进行有效的引导，让其正确地对自身的意见和想法等进行表述。通过这样的方式不仅能有效提升高校学生在学习中对微博的使用兴趣，同时对学生的自我学习能力的提高也有着很大的帮助。

高校的微博应针对其关注者的特点而增强其教育性。就我国现阶段各高校官方微博的关注人数调查来看，一直在呈现不断上涨的趋势。对此，高校思想政治教师在微博的运用中就应当重视微博教育性内容的构建，通过在微博中传播一些具有教育性意义的内容来对学生的思想进行潜移默化的影响，帮助他们树立正确的价值观。比如，我国某高校就"路遇摔倒老人扶是不扶"这一问题进行探讨，该校的官方微博平台也对此给出了积极正面的回答，要求本校的学生在遇到摔倒老人时都能勇敢去扶，而学校会成为你坚实的后盾。

高校也可让知名的教师开通专门的名教授微博，让学生能够直接与知名教师进行互动交流，并通过微博来了解教师讲座召开的状态，这对提高高校思想政治教育的实效性往往也有着较大的帮助。

在对微博这一新媒体形式进行运用时，高校还应加强对微博内容的监督与管理。所谓加强监督与管理，实际上就是要保证微博内容的高质量，高校要指派专门的工作者甄选出既能吸引学生，又能对学生进行正确引导的微博内容。

（二）建立高校思想政治教育的校园互动网站

在网络信息技术飞速发展的当今社会，互联网络已经成为应用最为广泛的新媒体形式。而我国高校作为人才培养的重要基地也应顺应这一潮流趋势构建本校的校园互动网站，以此来提高高校校园教学管理的有效性。[①]在新媒体的支撑下，各高校可通过在校园网站中的互动来进行信息的传递，而这对学生的思想观念培养也有着重要的影响。对此，各级教育部门都要重视在新媒体背景下校园互动网站的建设。

针对学生的思想观念培养，高校应建立专门的教育网站、论坛等以在新媒体背景下对学生进行教育培养。对此，高校既可设置独立的教育网站，也可与其他部门之间建立综合型的网站，以充分给予学生更加灵活的互动空间。

校园互动网站的建设要根据学生的实际情况以学生的思想引导为目标为学生提供更加全面的服务。在此基础上，学校的各单位部门也可充分利用这一平台来进行相关信息的发布，比如：教务处可利用这一平台发布相关的教学活动及通知等；团委可利用这一平台发布相关的学生工作等；图书馆可利用这一平台发布相关的书籍增减信息等。除此之外，学校相关活动的组织、教学讲座的开展等都可利用这一平台加以发布。

高校的思想政治教师在利用校园互动网站进行相关的学生引导时，网

---

①孙嘉悦."三全育人"格局下高校新媒体思想政治教育工作实践与探索——以天津师范大学外国语学院为例[J].传播力研究，2020，4(15)：17-18.

站的构建应充分采用学生所关注的，能对学生产生吸引的内容。且在实际的学生培养中，教师与学生之间的互动交流既要保证师生之间的平等性，还要保证内容能对学生的思想等产生积极的影响。

要对高校的校园互动网站进行构建与完善还需要有专业的技术作为支撑。因此，高校思想政治教师要对校园互动网站进行充分运用来对学生进行有效的引导，也必须保证自身拥有专业的知识与技能来更好地对校园互动网站加以运用，并提高思想政治教育的效果。

（三）运用新媒体技术形成教育合力

在当今先进科学技术的支撑下，新媒体在社会各领域都发挥着重要的作用，尤其是在高校的思想政治教育方面突显了其独有的优势。在这一背景下，高校的思想政治教育要得到更加有效的发展也往往需要利用新媒体形成教育合力。在新媒体的运用中，人们的思维意识能和机器之间形成充分的融合并通过特殊的形式对原本抽象化的思维意识进行展现，并将其充分地转化为信息的形式进行传递。①因此，高校思想政治教师在日常的工作中，除了要保持作为一名教师应有的责任心和职业素养之外，还应在新媒体方面拥有较强的知识技能作为新媒体使用的支撑，从而使自身的能力得到全方位的整合来对学生的思想政治素养进行培养。

高校的思想政治教师还应与学校其他各部门的工作者以及学生家长建立良好的合作关系，以此来保证自身工作的全面性。一方面，在新媒体背景下，要保证思想政治教师和家长之间形成良好的合作关系，以全面对学生的思想状态等进行了解，进而根据学生的实际情况制定完善的学生管理机制，以此来促进高校学生管理工作规范性的提升；另一方面，高校的思想政治教师要对学校的新媒体平台进行充分的利用，以此来与学生家长构

---

①李笑然，刘继荣.新媒体时代思想政治教育凝聚共识的困境与出路[J].中北大学学报（社会科学版），2023，39(01)：99-103+108.

建良好和谐的合作关系。这不仅能有效帮助家长及时地对自己的孩子进行全面的了解，也可充分了解教师针对学生所反馈的信息，同时还能及时将自己所知道的信息向教师进行反馈，这就有效使各高校和学生家长之间形成了一个对学生进行思想政治教育的合力。当然除了学生的家庭之外，我国各高校也可与社会之间形成合力的关系来对学生正确的思想品质等进行培养。

在新媒体背景下，我国高校的思想政治教育无论是理念还是形式都出现了巨大的变化，为了对学生正确的思想意识和道德观念等进行有效强化，还需要学校、家长和社会之间实现通力合作，为高校学生的思想政治教育工作构建良好的教学体系，进而运用新媒体技术形成教育合力来对学生进行培养，而这对提高教学的效率和质量都具有良好的作用。

三、加强对高校新媒体教育平台的监管

高校在借助新媒体平台开展思想政治教育工作时，难免会存在一些问题，一方面与新媒体大环境有关，另一方面也因为我国的法律存在一定的后效性。我国的法律规定主要是用于调整社会关系，大多数情况下只能解决一些已发生的问题，所以具有一定的滞后性，这也导致我国有关网络管理的体制规范尚处于不成熟的阶段。然而，在新媒体技术迅猛发展的今天，虽然相关的法律规定还没有达到理想状态，但高校新媒体教育平台的监管却已构成现实性的问题。在新媒体背景下，高校应主动承担起管辖的职责，凡是在自己的职权监管范围内，学校管理部门都应当充分发挥自身的主导性作用，合理利用职权。①

作为事业单位，高校依规定享有相应的行政职权，可以自行制定学校内部的一些规章制度，高校应正确行使这份权力，在新媒体环境背景下，

---

①中共北京市委教育工作委员会，首都大学生思想政治教育研究中心组织编写；屈晓婷主编.新媒体时空解码：大学生思想政治教育研究[M].北京：北京交通大学出版社，2015：36.

不断完善有关于新媒体教育平台的监管机制，充分发挥内部规章的指导与约束效应。与此同时，高校管理者还应适当利用舆论的社会监督功能，尽可能地调动学生们的监督作用，使其能够自由发表个人观点，指出高校在利用新媒体教育平台开展思政教育工作过程中存在的问题，进而帮助高校管理者更好地把握在新媒体背景下，高校教育的发展方向，从而有效促进新媒体教育平台的不断进步与发展，为高校的思政教育工作提供更加优质的服务。

第二节　新媒体时代高校思想政治教育媒介素养

高校管理者要想切实提高大学生思政教育的工作实效，有必要加强学生和教师的新媒体媒介素养教育。

一、提高高校学生的新媒体素养

新媒体背景下，大学生的受教育状态发生了很大的变化，与过去相比，不再是被动地接受教师的知识灌输，而是能够主动地利用新媒体技术搭建起一个不断汲取新知识的学习平台，自主选择自己想要的信息。就现阶段而言，新媒体环境下这种开放式的教学模式给大学生的学习生活带来了一定的积极影响，但也存在着负面的作用。大学生正处于三观形成的重要时期，在面对网络上一些鱼龙混杂的信息时常常感到无所适从，为了进一步增强思政教育工作的有效性，高校管理者应注重提高大学生群体的新媒介素养，培养他们对媒体信息进行判断、甄别的能力。

首先，学校可以开设单独的媒介素养教育课程，邀请专业教师授课，教学内容包括基本概念介绍、新媒体特点、功能、传播规律等，旨在提高当代大学生对新媒介的认知及其与政治、经济、文化三者之间的关系，从而有效强化自身的大众传播能力、对负面信息的判断与免疫能力，始终保持正确的观点与立场。

其次，要想提高大学生的媒介素养水平，增强其自我教育意识也很有必要。面对网络上各类信息，大学生应主动加强自我教育与实践，充分发挥自己的主观能动性，熟练掌握媒介素养的基本理论知识，积极参加学校组织的各项实践活动。

二、提高高校教育工作者的新媒体素养

在如今新媒体的教学环境背景下，高校的思政教育工作者承担着大学生思想政治意识引导与塑造的重要职责，所以只有教师具备了足够的媒介素养，才能保证教学工作的高质量展开。新媒体技术的出现打破了以往教育工作者在教学活动中占据绝对主导地位的局面，大学生可以利用网络或其他新媒体途径提前获得自己所需信息，这就意味着教师在教学过程中很有可能会遇到像听不懂学生说的一些网络上的新鲜词汇等问题，产生沟通障碍，从而给教学活动带来一定的阻碍。为此，高校思想政治教育工作者应时刻注重提高自身的媒介素养水平，熟练掌握各种与新媒体技术相关的教学方法。在新媒体背景下，教育工作者不仅要具备良好的专业素质，还应学会利用新媒体技术开展各项思想政治教学活动。

首先，高校应加强教育工作者媒介素养的培训工作，提高他们的计算机网络应用能力。随着互联网技术的不断深入发展，我们的生活也正逐渐发生着变化。在这个以网络为基本特征的信息化时代里，高校教育工作者应正确认识新媒体技术对教学活动的积极作用，这是开展大学生思政教育工作的必要前提。

其次，教育工作者还应熟悉一些常用的网络新语言。在新媒介作用下，信息传播大多数情况下都是通过网络进行，人们不需要面对面即可随时交换、传递信息，整个过程中双方都不清楚彼此的面部表情、个人情感以及语调等，所以只能依靠文字来判断对方的意图。因此，在新媒体背景

下，高校教育工作者们要想让学生充分理解自己的思想观念，有必要先学会他们使用的网络语言，缩短师生之间的距离，保证教学活动更加高效的展开。当然，在学习过程中，教师也应有所取舍，引导学生摒弃一些不良的网络习惯用语，树立正确的思想价值观念。

最后，教育工作者应具备足够的信息素养，做到对网络上的各种信息进行快速搜集与处理。新媒体背景下，网络上充斥着各种各样的信息，作为教育工作者必须对这些信息进行过滤筛选，选择合适的内容引入课堂教学活动当中。同时教师还应培养自己对网络信息的敏感性，善于从其中提取出健康、积极、有价值的信息，并且将这些正面的网络信息积极地传递给广大学生，提高他们的政治思想水平。

三、规范管理新媒体的使用行为

新媒体技术不仅为思政教育工作者提供了大量有价值的教学信息，也显著促进了高校教师与学生之间的互动交流，能够使大学生更加准确地理解教师的想法，并给予其自主选择的空间，充分体现了教师与学生在教学活动中的平等性与互动性。然而，网络同时也具有高度的开放性与虚拟性，大量的虚假、不良信息掺杂其中，一些不法分子则趁机肆意散播不良信息，对大学生的思想政治教育工作产生了不利的影响，削弱了高校思想政治教育工作的实际成效，高校应不断完善校内规章体制，将其纳入规范化的管理过程当中。

不可否认，在当代社会背景下，新媒体技术具有传统媒体所不可比拟的诸多优势，但同时也存在着一些不完善之处。高校在利用新媒体技术开展大学生思政教育工作时，要注重相关法律规章制度的建设与完善，以免在使用过程中出现失衡现象。与此同时，还应提高思政教育工作者和大学生在使用新媒体时的自律意识，加强对新媒体的管理。

首先，可以采取一定的技术手段强化校园新媒体的管理。在虚拟隐蔽的网络世界当中，有关部门应加强对信息传播内容的监管，以免不良信息影响到大学生群体的身心健康。同时高校还应使用防火墙技术第一时间内将不良信息拦截在校园网络体系之外。

其次，学校可适当采取一定的行政或法律手段来加强对新媒体技术的使用管理。例如，对使用新媒体的教师或学生进行详细的登记并录入电脑档案，提倡师生在使用贴吧或微博时尽量使用真实姓名，对于信息传播形成一定的约束效应。

再次，高校可以安排专门的网络管理人员及时搜索并清理校园网络中的不良信息，并根据学校的相关规定执行明确的责任问责制，采取相应的处罚措施，引导大学生正确使用新媒体。

第三节　新媒体时代高校思想政治教育监督保障

在新媒体背景之下，增强高校学生思政教育管理，也就是提高思政教育针对性和有效性的必要保证。一旦脱离有效管理，高校学生思政教育则将成为一盘散沙，无法进行集中整治。因此，高校思想政治教育工作者应结合具体的教育目标及任务，充分利用新媒体形式与功能，及时优化思政教育结构，整合相关工作资源，完善信息监控机制，构建教育评价系统，从而进一步增强高校学生思政教育工作的有效性。

一、整合高校学生思政教育工作相关资源

由于高校思想政治教育环境较为复杂多变，所以无论从何种角度而言，都具有丰富的、多样的教学资源。随着信息技术的迅猛发展以及新媒体技术的及时更新，高校思想政治教育的形式也逐渐增多，进一步提高了教学资源的参考范围。第一，必须强化对高校思想政治教育有关媒体资源的集中整合与管理。在高校传统思政教育过程中，课堂教学、校

报推广以及社团活动等成为主要形式，但近些年来网络的普及与应用，逐步成为电视、广播和报纸的有效延伸。所以，高校思想政治教育工作者应当将动画、音频等新媒体与学校宣传栏、广播和校报等传统媒体进行有机结合，突破原先各自为政的分离状态，实现相互融合与互补，从而进一步增强思政教育的针对性，同时也提高了大学生的主动性和积极性。第二，必须要求高校思想政治教育工作者对某些重要信息进行分类与整合。针对不同价值的教育信息，应选用适合的传播载体，务必实现统筹兼顾、扬长避短。这也就意味着高校思想政治教育工作者应对不同传播信息进行归纳和总结。比如，高校可以利用校园广播来传递时下大学生感兴趣的影视新闻、体育赛事等诸多动态信息；通过搭建校园网站，以丰富的内容、便捷的操作、多变的形式来赢得大学生的"芳心"。校报主要刊登学生优秀文章、名家名篇、校外稿件等，有时也可增加深度时评，用来启迪大学生。所以，对部分重要信息及资源，高校思想政治教育工作者应选择那些学生容易接受的、接受面宽泛的传播平台，不断增强教育实效。总而言之，我国高校思想政治教育工作者需以社会主义价值观体系为前提，促进校园文化建设，通过对新媒体与传统媒体进行整合，举办富有高校特色、影响力较强的传承性活动，分类管理高校思想政治教育资源，以此增强其有效性与针对性。

二、完善高校学生思政教育信息监控机制

网络具有一定的开放性及虚拟性，通常不会受到国界或地域的制约。互联网信息不仅数量种类繁多，而且内容也是非常精彩多样的。正如驾驶员需要通过多个交通路段才能到达终点，同时又要遵循交通规则一般，高校学生运用网络进行搜索信息和深度搜索时，也应经过一些道路，并严格遵守相应的规则。在高校学生思政教育工作过程中，必须侧重对学生"网络交通道路"进行系统监管，确保思政教育的规范性和有效性。第一，思

政教育者应充分利用技术手段，不断扩大高校网络安全监管力度。众所周知，校园网络不仅增强了校内外之间的联系，而且也是高校学生通向外界环境的重要渠道。所以，各大高校务必做好网络连接出口工作，努力优化网络技术，不断改进校园网络服务器，认真识别与校园网络相接入的社会性网站，强制关闭不健康的网站通道，利用技术手段过滤网络信息。第二，应落实制度建设工作，规范大学生的上网行为，监管信息传播。我国高等教育委员机构认为，所有高校一律遵循"谁主管、主办，就必须谁负责"的原则，将网络监督置于首要位置，彻底删除不良信息。在新媒体背景之下，应规范校园网络监督工作，增强其监管力度，并且将责任义务细分到各级院系，从而逐渐提升高校思想政治教育的有效性。

三、构建新媒体背景下高校学生思政教育评价系统

在当前新媒体环境下，结合高校思想政治教育对象的实际状况，以及社会对于大学生思政教育所提出的具体要求，采用测量估算法和统计分析法，深入探究高校学生思政教育的针对性和有效性，进而充分发挥思政教育的整体效用，切实促进思政教育的可持续发展。除此之外，在新媒体时代，高校思想政治教育主客体双方也发生巨大的变化，相比较传统思政教育主体，网络世界里的思政教育主体及其内涵都存在着深刻变化，思政教师应充分认识到这一点，并加快适应这样的变化，从而成为推进网络思政教育发展的崭新起点。在此背景之下，思政教育评价也有着重要影响，而高校思想政治教育主体的多元化决定其评价主体的多样性。一般说来，高校思想政治教育评估可分为三大部分，即评价标准、效果反馈以及政策推动。值得注意的是，对教育主体、效果等的评价标准应处于整个思政教育评价的核心地位，其主要涵盖了高校学生思政教育状况、社会实践、师资队伍建设、在校表现、管理机制、教学水平等诸多方面。本研究设计了一些评价标准，以此进一步强化高校学生思政教育的规范性、科学性、针对

性和有效性等。具体如表6-1所示。

表6-1 高校学生思想政治教育评价标准表

项目	内容	评价标准	分值
高校思想政治教育的开展	社会反馈	时代意识： 好：符合与时俱进的标准，快速学习新的知识，始终保持与社会主义经济、改革开放、科学发展观等相适应的团队合作、积极进取、公平公正的思想观念，可以充分满足时代发展的需求，承担时代重任 一般：时代意识不显著，责任意识不强烈 差：未能追随时代发展的轨迹，不明确时代重任，缺乏时代意识	
	高校思想政治教育内容	顺应新形势发展，利用新媒体技术手段与传统思政教育手段进行有机结合，不断探索思政教育新思路以及新方法	
		开始做出必要的调整，但其深度、层次尚浅显	
		仍然以传统思政教育形式为主，未充分应用新媒体等新手段	
	新媒体建设	积极开展校园网络建设，充分运用微博、微信、BBS、短信平台等形式进行大学生思政教育，及时开展新媒体思政教育，强化对新媒体的运用与监督	
		初步搭建校园思政教育网站，但对新媒体的使用情况一般	
		尚未搭建专门的思政教育网站，也没有应用新媒体	

续表

项目	内容	评价标准	分值
管理制度与管理水平	是否有专门的管理校园网站电视等媒体	分工明确	
		分工一般	
		基本无分工	
	培训经历（包括新媒体技术培训）	有专业学历或者一年以上的正规培训进修经历	
		有短期的专业培训经历	
		有校内培训经历	
	相关制度完备、规范	正式文件，机构设置，领导讲话，工作制度和记录等，科学完整，很实用	
		正式文件，机构设置，领导讲话，工作制度和记录等，比较完整，有一定的实用性	
		正式文件，机构设置，领导讲话，工作制度和记录等，完整性及实用性一般	
	经费（包含新媒体设备、技术经费）	有充足的专项经费	
		有一定的专项经费	
		少量专项经费或没有	

由此可见，在新媒体背景之下，制定高校思想政治教育评价标准，不仅有利于提高思政教育质量和水平，指明了高校学生思政教育工作的方向，而且也有利于促进思政教育实践活动的顺利开展，切实增强思政教育

的规范性、持续性和有效性，同时也推动了大学生心理健康发展。

四、设置议题增强思想政治教育的针对性

议题设置这一理论最早由美国学者麦克姆斯、唐纳德提出，尽管议题设置属于典型的传播领域内容，但是高校的思政教育工作者可以利用传播学与思想政治学科之间的交叉特性，将议题设置理论应用到平时的工作过程当中，不断创新思政教学方法，增强高校思想政治教育工作的实效性。

（一）通过议题设置掌握舆论导向

新媒体的媒介传播能够吸引大学生主动关注社会热点话题，共同参与到重难点的话题讨论当中，某种意义上来说，具有一定的"议程设置"作用。教育工作者在教学过程中通过有倾向性地选择媒介信息，能够不同程度地赋予各种"议题"显著性，令那些充满健康、积极意义的信息快速地被当代大学生理解并接受。通常情况下，高校的思政教育工作者可以利用议题设置这一手段来充分调动学生在课堂上的学习注意力，有轻重、有计划地安排问题，间接地形成一种舆论效应，进而达到影响大学生思想观点的根本目的。伯纳德·科恩曾说过："新闻媒体的作用远远不止传播信息和舆论观点这么简单，大多数时候，能够对受众的思维走向产生明显的影响。"

首先，高校思想政治教育课程的议题设置需绝对客观真实并且具有一定的代表性。人类社会生活中每时每刻都会出现新的问题，但并不是所有的问题都适合被拿来作为高校的议题。教育工作者应选取那些与社会实际需求相符合、具有标志性意义的问题，要能吸引学生的课堂注意力，同时还应当具有启发教育的作用。当思政教育工作者选择的话题与客观事实相违背或相差较大时，会导致议题设置存在虚假不实成分，从而导致学生失

去对课题的讨论兴趣，进而也就很难达到想要的教学效果。

其次，思政教育工作者可以选一些大学生普遍关注的热点话题作为高校思想政治教育的议题。随着新媒体技术的快速发展，微博、微信等在大学生生活中占据了越来越重要的地位，只需通过简单的操作，便可足不出户了解自己所需的信息。高校的教育工作者在教学过程中可以将课本上一些抽象难懂的理论知识内容与实际生活中的热点话题相结合，引导学生运用理性思维进行分析。

再次，教育工作者可以选取学生日常生活中发生的事情作为思政教育的议题。由议题设置理论可知，信息传播者在某一特定时期内不断突出强调某一问题，能够有效引起受众的关注。因此，思政教育工作者应注重选取大学生的身边事，激发他们的兴趣与参与积极性。这就要求思想政治教师应深入了解大学生的思想世界，根据他们的实际需求来设置相应的议题，既准确把握了高校思想政治教育的大方向，也极大地调动了学生的教学参与度，形成良好的互动氛围。例如，可以将与学生切身利益相关的校园选举活动设置为思政教育议题，一方面学生对此类事件较为了解，因而在参与讨论时能够充分表达自己的个人观点；另一方面，学生的参与程度提高，教师的课堂教学效率也得到了有效提升。

（二）建立科学的网络舆情机制

在教学过程中，思想政治教师要随时关注了解学生对于社会上发生的一些热点事件的看法，了解他们的情感态度。当学生的个人情绪和意见越来越强烈，最后上升到集体态度时，影响进一步扩大，便形成了所谓的网络舆情。在互联网技术高度发达的今天，许多大学生都习惯于将网络作为自己参与社会生活的主要方式之一，对于热点话题等也都会有自己独特的看法，然而由于网络信息的无限传播且缺乏有效监管，导致网络暴力行为时有发生，对高校的思想政治教育工作也产生了一定的不良影响。因此，思政教育工作者应建立并完善校园网络舆情机制，在新媒体背景下，逐步引导大学生形成积极健康的言论与思维方式。

第一，学校应制定一系列明确的行政措施来解决网络舆情所产生的不良影响，提高高校自身对重大舆情的预警和监控能力。思政教育工作者应以真实、公开为基本原则，积极引导网络舆论朝着正确的方向发展，随时监控大学生网络舆情，建立长效引导措施，使其规范化并有理有据。

第二，要提高大学生的网络素养，保证网络舆情的透明度与纯洁度。此外强化大学生的网络安全意识也很有必要，实名制的建立能够有效增强大学生的网络责任意识。

第三，面对一些敏感的话题，思政教育工作者应以积极的态度进行回应。新媒体具有高度的开放性，这也使得一些社会敏感问题在网络上广泛传播着，并形成一定的舆论影响力，高校应密切关注大学生对于这些舆论热点尤其是社会公共敏感事件的态度和看法，深入了解他们的舆论走向，快速作出判断，适时地在网络上发布具有权威性的报道，积极还原真相，促进大学生对事件的全面了解。

同时，教育工作者还应将目光投向校园网站、新媒体传播平台的监管，不断加大工作力度，净化校园网络平台。在新媒体背景下，进一步做好大学生网络舆论的引导工作，促进传统媒体与新媒体之间的相互交流，从而有效强化思政教育主题的宣传力度。

总之，作为一名思政教育工作者，在平时的工作过程中要多关注学生，听取他们内心的实际想法并及时进行疏导。教师要正面回应学生提出的问题，切实提高自己的思想政治教育成效。

（三）把握高校新媒体教育的话语权

在如今的新媒体环境背景下，高校传统的思政教育内容和方法已然不能适应现实社会的快速发展对大学生提出来的要求，高校思想政治教育的话语权逐渐被削弱，导致实际教学效果不佳。因此，高校教育工作者应主动把握新媒体教育的话语权。

第一，要摒弃以往理论灌输式的思政教学模式，积极探索师生和谐交流、优化互动的全新的教学模式。随着网络信息技术日新月异地发展，高校思想政治教育工作者也应及时更新教学理念，开通微博、微信等大学生经常使用的网络交流平台，既能拉近与学生之间的距离，深入了解他们的思想状态、学习需求以及困惑等，同时也便于在第一时间内将相关信息准确地传递给学生，保证教学活动的高效展开。需要注意的是，教师在与学生进行沟通交流时，应保持平和的心态，给予其足够的耐心与关心，只有这样才能消除教师和学生之间的话语差异，与大学生心灵相通。

第二，教育工作者应学会从学生的角度来思考、处理问题，增强教师的话语感召效应。通过换位思考，教师能够真正体会到学生的思想情感，了解他们的内心诉求，充分尊重学生的人格，从而在开展教学活动时，才能更加贴合学生的实际发展需求，使其更加积极主动地接受思政教育工作者的做法。除此之外，教育工作者还可以利用微信、论坛、微博等与大学生进行心灵沟通，帮助他们及时解决学习生活中遇到的困难，赢得学生的信任与喜爱，成为真正意义上的良师益友，只有这样才能充分提高自己的教育话语权，在开展教学活动时，也才更加富有感召力。

第三，高校应重视大学生的个性化发展，促进其个人价值的实现。在这个信息开放、人人追求自由平等的网络时代里，大学生十分渴望实现自己的人生价值。因此，思政教育工作者要尤为注重大学生综合素质的全面发展。在新媒体背景下，高校在开展思想政治教育活动时既要体现社会主义核心价值，也要考虑学生的个人价值，重视其个人能力的形成与发展。为此，高校教育工作者可以借助各种新媒体平台与大学生实现零距离沟通，了解他们的实际需求、性格特点等，帮助他们解决各种难题。由于网络上信息良莠不齐，极易对大学生造成不良影响，思政教育工作者应提高大学生理性选择与明辨是非的能力，为其创造良好的环境资源，促进大学生自主学习与个人价值观的实现，这样不仅可以有效拉近师生距离，还能进一步巩固教师在思想政治教育活动中的话语权。

参考文献

[1]马克思恩格斯文集（第1卷）[M].北京：人民出版社，2009.

[2]马克思恩格斯全集（第4卷）[M].北京：人民出版社，1972.

[3]马克思恩格斯文集（第8卷）[M].北京：人民出版社，2009.

[4]马克思恩格斯全集（第46卷）（上）[M].北京：人民出版社，1979：104.

[5]习近平.在纪念马克思诞辰200周年大会上的讲话[M]北京：人民出版社，2018.

[6]习近平谈治国理政（第1卷）[M].北京：外文出版社，2014.

[7]习近平谈治国理政（第2卷）[M].北京：外文出版社，2017.

[8]习近平谈治国理政（第3卷）[M].北京：外文出版社，2020.

[9]习近平谈治国理政（第4卷）[M].北京：外文出版社，2022.

[10]习近平.决胜全面建成小康社会夺取新时代中国特色社会主义伟大胜利——在中国共产党第十九次全国代表大会上的报告[M].北京：人民出版社，2017.

[11]毛泽东选集（第3卷）[M].北京：人民出版社，1993.

[12]陈万柏，张耀灿.思想政治教育学原理（第3版）[M].北京：高等教育出版社，2015.

[13]陈小鸿.论人的自由全面发展[M].济南：山东人民出版社，2004.

[14]陈志尚.人的全面自由发展论[M].北京：人民大学出版社，2004.

[15][美]丹·吉摩尔.草根媒体[M].陈建勋，译，南京：南京大学出版社，2010.

[16][英]戴维·冈特利特.网络研究：数字化时代媒介研究的重新定向

[M].北京：新华出版社2004.

[17][美]道格拉斯·凯尔纳.媒体文化——介于现代与后现代之间的文化研究、认同性与政治[M].丁宁，译.上海：商务印书馆，2004.

[18]丁冠印，贾晓娟，田媛媛著.新媒体时代大学生思想政治教育的创新与发展[M].北京：北京工业大学出版社，2020.

[19]段永朝.互联网：碎片化生存[M].北京：中信出版社，2009.

[20][荷兰]弗兰斯·范富格特.国际高等教育政策比较研究[M].王承绪，等，译.杭州：浙江教育出版社，2001.

[21]郭咸纲.多维博弈人性假设[M].广州：广东经济出版社，2003.

[22][德]哈贝马斯.交往行为理论（第1卷）[M].曹卫东，译.重庆：重庆出版社，1994.

[23][德]哈贝马斯.作为"意识形态"的技术与科学[M].李黎，郭官义，译.上海：学林出版社1999.

[24][美]赫伯特·马尔库塞.单向度的人[M].刘继，译.上海：上海译文出版社，2006.

[25]黄旦.新闻传播学[M].杭州：浙江大学出版社，1997.

[26]贾康，苏京春.供给侧改革：新供给简明读本[M].北京：中信出版集团，2016.

[27]蒋宏，徐剑.新媒体导论[M].上海：上海交通大学出版社，2006.

[28][美]杰弗里·庞顿，彼得·吉尔.政治学导论[M].张定淮，等，译.北京：社会科学文献出版社，2003.

[29]金梦玉.融媒体时代下的传媒教育[M].北京：中国广播影视出版社.2014.

[30][美]柯尔伯格·杜里尔.道德发展与道德教育[A].翟保奎.教育学文集·思想政治教育[C].北京：人民教育出版社，1989.

[31]梁庆婷.新媒体语境下思想政治教育话语体系建构研究[M].徐州：

中国矿业大学出版社，2017.

[32]刘丽华，王喜荣.新媒介环境下高校思想政治教育效果研究[M]北京：知识产权出版社，2016.

[33]龙妮娜，黄日干.新媒体与大学生思想政治教育研究[M]北京：光明日报出版社，2016.

[34][美]罗兰·罗伯森.全球化：社会理论和全球文化[M].梁光严，译.上海：上海人民出版社，2000.

[35]刘丽华，王喜荣.新媒介环境下高校思想政治教育效果研究[M].北京：知识产权出版社，2016.

[36]刘琳琳.新媒体时代高校思想政治教育研究[M].长春：吉林大学出版社，2021.

[37][英]玛丽·亨克尔，布瑞达·里特.国家、高等教育与市场[M].北京：教育科学出版社，2005.

[38][加拿大]马歇尔.麦克卢汉.理解媒介——论人的延伸[M].何道宽，译.上海：商务印书馆，2000.

[39]孟繁华.传媒与文化领导权——当代中国的文化生产与文化认同[M].济南：山东教育出版社，2003.

[40][法]米歇尔·福柯.话语的秩序[M].肖涛，译.北京：中央编译出版社，2001.

[41][法]米歇尔·福柯.主体解释学[M].佘碧平，译.上海：上海人民出版社，2005.

[42][英]尼克·史蒂文森.认识媒介文化——社会理论与大众传播[M].北京：商务印书馆，2013.

[43][英]尼古拉斯·加汉姆.解放·传媒·现代性[M].李岚，译.北京：新华出版社，2005.

[44][法]皮埃尔·布尔迪厄.实践感[M].蒋梓骅，译.南京：译林出版社，

2003.

[45]邱伟光，张耀灿.思想政治教育学原理[M].北京：高等教育出版社，1999.

[46]曲庆彪主编.理论之树常青"马克思主义与时俱进理论品质和高校思想政治教育创新"全国高级研讨会论文集[C].长春：吉林人民出版社，2002.

[47]神彦飞.新媒体时代高校思想政治教育范式转换与实践[M].济南：山东大学出版社，2021.

[48][苏]苏霍姆林斯基.给学生的建议[M].北京：教育科学出版社，1984.

[49]徐玉钦.新媒体时代高校思想政治教学模式研究[M].长春：北方妇女儿童出版社，2021.

[50]王虹，刘智.新媒体时代高校思想政治教育创新研究[M].北京：中国社会科学出版社，2012.

[51]王建华.现代思想政治教育研究[M].哈尔滨：黑龙江人民出版社，2004.

[52]王岳川.媒介哲学[M].郑州：河南大学出版社，2004.

[53]项久雨.思想政治教育价值论[M].北京：中国社会科学出版社，2003.

[54][德]雅斯贝斯.时代的精神状况[M].王德峰，译.上海：上海译文出版社，2005.

[55]杨翠芳.媒体融合发展综论[M].北京：人民出版社，2015.

[56]俞可平.全球化：西方化还是中国化[C].北京：社会科学文献出版社，2002.

[57][英]约翰·麦克里兰.西方政治思想史[M].彭怀栋，译.海口：海南出版社，2003.

[58]袁贵仁，韩庆祥.论人的全面发展[M].北京：人民出版社，2003.

[59]袁芳.思想政治教育话语创新的马克思主义审视[M].北京：中央编译出版社，2018.

[60]张耀灿，郑永廷，等.现代思想政治教育学[M].北京：人民出版

社，2001.

[61]张国良.20世纪传播学经典文本[M].上海：复旦大学出版社，2003.

[62]张晔.新媒体的崛起与高校思想政治课程改革[M].成都：电子科技大学出版社，2017.

[63]赵康太.当代思想理论教育前沿问题纵论[M].武汉：武汉大学出版社，2007.

[64]中共北京市委教育工作委员会，首都大学生思想政治教育研究中心组织编写；屈晓婷主编.新媒体时空解码：大学生思想政治教育研究[M].北京：北京交通大学出版社，2015.

[65]周三多，陈传明，等.管理学——原理与方法（第七版）[M].上海：复旦大学出版社，2018.

[66]左晶主编.西方广告经典原著选读（英文）[M].北京：知识产权出版社，2013.

[67]陈飞.道德教育话语权探析[J].现代大学教育，2009，(01).

[68]郝晓雯.新媒体时代高校思想政治教育微博传播力评价研究[D].武汉：武汉工程大学，2022.

[69]白先良.以课堂为主战场打好提高思政课质量和水平的攻坚战[J].思想理论教育导刊，2017，(9).

[70]胡雯.新媒体时代话语分析的发展[J].沈阳大学学报，2011(4).

[71]黄晓梦.新媒体时代提升高校思想政治教育实效性路径研究[D].青岛：青岛科技大学，2021.

[72]季托.新媒体思想政治教育研究：现状、问题与出路[J].重庆邮电大学学报（社会科学版），2021，33(06).

[73]季海菊.新媒体时代高校思想政治教育研究[D].南京：南京师范大学，2013.

[74]贾瑞.新媒体时代大学生思想政治教育方法创新研究[D].南京：南

京邮电大学，2022.

[75]江筱曦，吕云婷.新媒体视域下高校思想政治教育探究[J].长春师范大学学报，2022，41(11).

[76]匡文波."新媒体"概念辨析[J].国际新闻界，2008(6).

[77]郎捷，王军."信息茧房"对大学生思想政治教育的挑战及应对分析[J].学校党建与思想教育，2020(20).

[78]李笑然，刘继荣.新媒体时代思想政治教育凝聚共识的困境与出路[J].中北大学学报（社会科学版），2023，39(01).

[79]李欣人.再论精神交往：马克思主义传播观与传播学的重构[J].现代传播，2016(8).

[80]林岩.马克思主义大众化视野下高校思想政治教育创新研究[J].继续教育研究2014(11).

[81]鲁宽民，徐奇.网络发展与网络意识形态安全维护的逻辑关系[J].学校党建与思想教育，2017(9).

[82]穆祥望.网络媒体环境下的舆论导向功能研究[J].清报科学，2007(11).

[83]欧阳光明，刘秉鑫.新媒体时代思想政治教育话语权及其建构维度[J].思想理论教育，2016.

[84]潘敏，陈中润，于朝阳.高校网络思想政治教育研究综述[J].高校理论战线，2006(11).

[85]商懿秀,肖新发.论网络环境下高校思想政治教育话语权的主体及其变化[J].湖北第二师范学院学报，2011，28(07).

[86]邵献平,徐婧怡.新时代思想政治教育话语权构建探析[J].吉林师范大学学报（人文社会科学版），2022，50(06).

[87][苏]苏霍姆林斯基.给教师的一百条建议[M].天津：天津人民出版社，1981.

[88]宋亦芳编著.社区数字化学习支持服务体系研究[M].上海：上海科学技术出版社，2016.

[89]孙嘉悦."三全育人"格局下高校新媒体思想政治教育工作实践与探索——以天津师范大学外国语学院为例[J].传播力研究，2020，4(15).

[90]汤涛.略论供给侧改革视野下高校思想政治教育的协同创新[J].学校党建与思想教育，2017.

[91]韦吉锋，韦继光，徐细希，等.浅谈网络思想政治教育功能[J].广西大学学报（哲学社会科学版），2005(03).

[92]谢晓晖.新媒体时代高校学生思想政治工作面临的挑战与应对策略[J].湖北开放职业学院学报，2022，35(16).

[93]谢虞南，谭西涵，胡潇月.高校网络思想政治教育接受度的影响因素实证研究[J].电子科技大学学报（社会科学版），2019(6).

[94]许方园，曹银忠.微博的思想政治教育功能略论[J].中国校外教育，2011(1).

[95]徐振祥.新媒体：大学生思想政治教育的机遇与挑战[J].思想政治教育研究，2007(6).

[96]张林，胡晓.思想政治教育传播效度的消融与重构——以网络拟态环境为话语空间[J].重庆邮电大学学报（社会科学版），2014(3).

[97]张亚煜.主体视域下新媒体思想政治教育优势及路径探析[J].新闻研究导刊，2022，13(17).

[98]郑晨予，新塑传导论：基于智能生成的传播学研究新范式[M].上海：复旦大学出版社，2018.

[99]郑士鹏.新媒体背景下思想政治教育话语权的时代境遇分析[J].大庆师范学院学报，2018，38(05).

[100]左娟霞.新媒体环境下高职思想政治教育"线上+线下"教学体系构建及应用[J].传播与版权，2022，No.115(12).